# LIVRO COMPLETO DE COQUETÉIS DE VINHO

## 100 RECEITAS INCRÍVEIS, FÁCEIS E SABOROSAS

LINO CANCHOLA

**Todos os direitos reservados.**

## Isenção de responsabilidade

As informações contidas neste eBook destinam-se a servir como uma coleção abrangente de estratégias sobre as quais o autor deste eBook pesquisou. Resumos, estratégias, dicas e truques são apenas recomendações do autor, e a leitura deste e-book não garante que os resultados de uma pessoa reflitam exatamente os resultados do autor. O autor do eBook fez todos os esforços razoáveis para fornecer informações atuais e precisas aos leitores do eBook. O autor e seus associados não serão responsabilizados por quaisquer erros ou omissões não intencionais que possam ser encontrados. O material do eBook pode incluir informações de terceiros. Os materiais de terceiros são compostos por opiniões expressas por seus proprietários. Como tal, o autor do eBook não assume responsabilidade ou obrigação por qualquer material ou opinião de terceiros.

# ÍNDICE

# VINHO-ALIMENTO INFUSO .........................105

## CONCLUSÃO ........................................................289

# INTRODUÇÃO

Infundir com vinho pode ser um prazer e um aprimoramento para uma boa comida, bebida e uma boa refeição! Quando o vinho é aquecido, o teor alcoólico e os sulfitos desaparecem, deixando apenas a essência dando um sabor sutil.

A primeira e mais importante regra: use apenas vinhos em sua cozinha ou bebidas que você beberia. Nunca use qualquer vinho que você NÃO BEBERIA! Se você não gosta do sabor de um vinho, não gostará do prato e da bebida que escolher para usá-lo.

Não use os chamados "vinhos de cozinha!" Estes vinhos são tipicamente salgados e incluem outros aditivos que podem afetar o sabor do seu prato e menu escolhidos. O processo de cozimento/redução trará o pior de um vinho inferior.

O vinho tem três usos principais na cozinha - como ingrediente de marinada, como líquido de cozimento e como aromatizante em um prato acabado.

A função do vinho na culinária é intensificar, realçar e acentuar o sabor e o aroma dos alimentos - não para mascarar o sabor do que você está cozinhando, mas sim para fortalecê-lo.

Para melhores resultados, o vinho não deve ser adicionado a um prato antes de servir. O vinho deve ferver com a comida, ou molho, para realçar o sabor. Deve ferver com os alimentos ou com o molho durante a cozedura; à medida que o vinho cozinha, reduz-se e transforma-se num extracto que dá sabor.

Lembre-se que o vinho não pertence a todos os pratos. Mais de um molho à base de vinho em uma única refeição pode ser monótono. Use vinho está cozinhando apenas quando tem algo a contribuir para o prato acabado.

# VINHOS INFUNDIDOS

# 1. Vinho branco com infusão de sangria

## Ingrediente

- 1/2 limão
- 1/2 limão
- 1 pêssego
- 1/2 maçã verde
- 1,5 xícaras de vinho

**instruções:**

a) Certifique-se de que o vinho esteja pelo menos em temperatura ambiente ou um pouco mais quente.

b) Esfregue levemente a parte externa do limão e do limão e remova as raspas com um descascador de legumes ou zester. Certifique-se de que pouca ou nenhuma medula saiu também, usando uma faca para remover qualquer. Esfregue levemente a parte externa da maçã, tire o miolo e pique grosseiramente. Esfregue levemente a parte externa do pêssego, retire o caroço e pique grosseiramente a polpa.

c) Coloque todo o Ingrediente no sifão de bater com o vinho. Sele o sifão de chicoteamento, carregue-o e gire por 20 a 30 segundos. Deixe o sifão descansar por mais um minuto e meio. Coloque uma toalha sobre o topo do sifão e ventile-o. Abra o sifão e espere até que o borbulhar pare.

d) Coe o vinho, se desejar, e deixe descansar por pelo menos 5 minutos antes de usar.

## 2. Laranjas e figos em vinho tinto temperado

## Ingrediente

- 2 xícaras de vinho tinto

- 1 xícara de açúcar

- 1 pedaço de pau de canela

- 4 Anis estrelado; amarrado junto com

- 4 vagens de cardamomo; amarrado junto com

- 2 cravos inteiros

- 6 laranjas grandes de umbigo; descascado

- 12 figos secos; metade

- ⅓ xícara Nozes ou pistaches; picado

## instruções

a) Misture o vinho, o açúcar e o bouquet garni em uma panela grande o suficiente para conter as laranjas e os figos em uma única camada. Leve para ferver, coberto, em fogo moderado.

b) Adicione os figos e cozinhe por 5 minutos. Adicione as laranjas e vire-as por 3 a 4 minutos, virando-as para que cozinhem uniformemente.

c) Desligue o fogo e deixe as laranjas e os figos esfriarem na calda. Retire as frutas para uma tigela de servir. Reduza a calda pela metade e deixe esfriar. Descarte o enfeite de buquê e coloque a calda sobre os figos e as laranjas.

## 3. Vinho com infusão de café de anis estrelado

## Ingrediente

Para o vinho tinto com infusão de café

- 5 colheres de café em grão torrado
- 1 garrafa de 750 ml de vinho tinto italiano seco
- 1 xícara de água
- 1 xícara de açúcar turbinado
- anis de 12 estrelas

**Para o coquetel**

- 3 onças de vinho tinto com infusão de café
- 1 onça Cocchi Vermouth di Torino, refrigerado
- 2 colheres de chá de xarope de anis estrelado
- 2 doses de Fee Brothers Aztec Bitters
- Gelo (opcional)
- Decore: pau de canela ou cacho de limão

**instruções**

a) Para o vinho tinto com infusão de café: Adicione grãos de café à garrafa de vinho, feche com uma rolha e deixe em infusão à temperatura ambiente por 24 horas. Coe antes de usar.

b) Para o xarope de anis estrelado: Leve a água, o açúcar e o anis estrelado para ferver, mexendo até que o açúcar se dissolva. Retire do fogo e deixe em infusão por 30 minutos. Coe e engarrafe, mantenha refrigerado.

c) Para cada bebida: em uma taça de vinho, misture o vinho com infusão de café, vermute Cocchi, xarope de anis estrelado e bitters de chocolate. Adicione gelo se desejar e decore.

## 4. Vinho rosé, morango e uva

### Ingrediente

- 100g de morangos descascados e fatiados
- 1 toranja vermelha média, cortada em rodelas
- 1 ramo de rosa mosqueta, opcional (se na época)
- 1 colher de chá de água de rosas
- 700ml de vinho rosé blush

### instruções:

a) Coloque os morangos, a toranja fatiada e a água de rosas em uma jarra ou garrafa de vidro esterilizada de um litro e despeje sobre o rosé. Feche bem o frasco e guarde na geladeira durante a noite, agitando suavemente o frasco ocasionalmente para ajudar a infundir os sabores.

b) Quando estiver pronto para servir, coe o rosé por uma peneira de malha fina forrada com musselina ou um pano J limpo em uma jarra grande e descarte as frutas.

c) Para servir, adicione água com gás a uma quantidade de vinho rosa, morango e toranja vermelha e decore com pétalas de rosa. Para um spritz de Aperol rosa, misture 200ml de rosé infundido com 25ml de Aperol e decore com uma fatia de toranja.

## 5. Vinho Gelado Pêssegos

## Ingrediente

- 6 pêssegos frescos, sem pele, sem caroço e cortados ao meio
- $\frac{1}{2}$ xícara de açúcar (125ml)
- 1 copo de vinho gelado (250ml)
- 1 xícara de água (250ml)

## instruções

a) Em uma panela misture 1 xícara de água, açúcar e vinho gelado e cozinhe em fogo baixo e até que o açúcar se dissolva. Cozinhe a calda por mais 3 minutos, desligue o fogo e reserve até que seja necessário.

b) Em uma tigela de vidro, coloque as metades de pêssego e despeje a calda de vinho gelada por cima e leve à geladeira para permitir que os sabores se misturem.

c) Sirva gelado em uma tigela pequena e decore com um fio de açúcar de confeiteiro.

## 6. Vinho de limão e alecrim

## Ingrediente

- 1 garrafa de vinho branco eu usaria Sauvignon Blanc, Pinot Gris, Pinot Grigio ou Riesling
- 4 ramos de alecrim fresco
- 3-4 pedaços longos de casca de limão tentando não ficar com a parte branca

## instruções:

a) Abra sua garrafa de vinho ou use aquela garrafa que está na geladeira há alguns dias.

b) Limpe e seque suas ervas (neste caso, alecrim).

c) Com um descascador de legumes, retire 4-5 pedaços longos de casca de limão, tomando cuidado para não obter muito do breu branco.

d) Adicione alecrim e raspas de limão à garrafa de vinho.

e) Adicione uma rolha e coloque-a na geladeira durante a noite a vários dias.

f) Descarte a casca de limão e as ervas.

g) Beba o vinho.

## 7. Vinho de kiwi caseiro

## Ingrediente

- 75 kiwis maduros

- 2 quilos de uvas vermelhas, congeladas

- 12 onças 100% concentrado de uva

- 10 quilos de açúcar

- 2 pacotes de fermento

## instruções

a) Descasque o kiwi, amasse com as uvas descongeladas, coloque o açúcar no garrafão, dissolva completamente, adicione o purê de frutas, o concentrado de uva, a água e o fermento.

b) Fermentar como de costume. este é apenas o primeiro gosto de trasfega

## 8. manga no vinho

## Ingrediente

- 12 mangas maduras

- ⅔litro de vinho tinto

- 130 gramas de açúcar mascavo

- 2 vagens de baunilha fresca

## instruções

a) Retire a pele das mangas e corte em duas, retirando as sementes.

b) Disponha com o lado oco para cima em uma tigela grande e cubra com o vinho.

c) Adicione o açúcar e as vagens de baunilha. Asse por 45 minutos, deixe esfriar e depois esfrie bem antes de servir.

## 9. vinho dente-de-leão

## Ingrediente

- 4 litros de flores de dente-de-leão
- 4 litros de água fervente
- 6 laranjas
- 4 limões
- 2 bolos de fermento
- 4 quilos de açúcar

## instruções

a) Escalde as flores na água fervente e deixe repousar durante a noite. Na manhã seguinte, coe, junte a polpa e o sumo de 6 laranjas, o sumo de 4 limões, o fermento e o açúcar.

b) Deixe fermentar por 4 dias, depois coe e engarrafe. Sirva em copos pequenos em temperatura ambiente.

# 10. Vinho de maçã quente

## Ingrediente

- $\frac{1}{2}$ xícara de passas

- 1 xícara de rum claro

- 6 xícaras de vinho de maçã ou cidra

- 2 xícaras de suco de laranja

- ⅓ xícara de açúcar mascavo

- 6 cravos inteiros

- 2 paus de canela

- 1 laranja, fatia

## instruções

a) Em uma tigela pequena, mergulhe as passas no rum por várias horas ou durante a noite.

b) Em uma panela grande, misture todos os ingredientes e aqueça, mexendo sempre, até que o açúcar se dissolva. Cozinhe suavemente até ficar quente. Não ferva. Sirva em copos ou canecas resistentes ao calor. Rende 9 xícaras

## 11. Copo de vinho de cranberry quente ao lado da lareira

## Ingrediente

- 4 xícaras de coquetel de suco de cranberry

- 2 xícaras de água

- 1 xícara de açúcar

- 4 polegadas de canela em pau

- 12 cravos-da-índia, inteiros

- 1 casca de 1/2 limão, cortada em

- 1 tiras

- 2 quintos de vinho seco

- $\frac{1}{4}$ xícara de suco de limão

## instruções

a) Combine suco de cranberry, água, açúcar, canela, cravo e casca de limão na panela. Leve ao fogo, mexendo até dissolver o açúcar.

b) Cozinhe, descoberto, 15 minutos, coe. Adicione o vinho e o suco de limão, aqueça bem, mas NÃO FERVER. Polvilhe noz-moscada sobre cada porção, se desejar.

## 12. Vinho de pimenta

### Ingrediente

- 6 Pimenta, vermelha, quente; fresco

- 1 litro de Rum, leve

### instruções

a) Coloque as pimentas inteiras em uma jarra de vidro e despeje o rum (ou xerez seco). Cubra bem com a tampa e deixe repousar 10 dias antes de usar.

b) Use algumas gotas em sopas ou molho. O vinagre de pimenta é feito da mesma maneira.

c) Se não houver pimentas frescas disponíveis, pimentas secas inteiras e quentes podem ser usadas.

## 13. Abacaxi no vinho do porto

## Ingrediente

- 1 abacaxi médio, limpo (cerca de 2-1/2 lbs.)

- Raspas finas de 1 laranja

- Raspas finas de 1/2 toranja

- 4 colheres de açúcar mascavo claro, ou a gosto

- $\frac{3}{4}$ xícara de suco de abacaxi

- $\frac{1}{2}$ xícara de Porto

## instruções

a) Este é um tratamento particularmente bom para um abacaxi que acaba não sendo tão doce quanto deveria ser. Quanto melhor o porto, melhor a sobremesa. Faça esta sobremesa um dia antes para obter o melhor sabor.

b) Descasque, corte e tire o caroço do abacaxi e corte em cubos de 1 polegada ou fatias finas. Em uma panela, cozinhe as raspas, o açúcar e o suco de abacaxi. Cozinhe até que as raspas estejam macias, cerca de 5 minutos. Enquanto o líquido ainda está morno, adicione os pedaços de ananás e misture com o porto

c) Leve à geladeira por pelo menos 8 horas, ou durante a noite. Deixe atingir a temperatura ambiente antes de servir ou os sabores serão perdidos.

## 14. Vinho de ruibarbo

## Ingrediente

- 3 libras de ruibarbo

- 3 quilos de açúcar branco

- 1 colher de chá de nutriente de fermento

- 1 litro de água quente (não precisa estar fervendo)

- 2 comprimidos de Campden (triturados)

- Levedura de vinho

## instruções

a) Pique os talos de ruibarbo e congele-os em sacos plásticos por alguns dias antes de fazer o vinho. Eu realmente não entendo por que isso deveria fazer a diferença, mas faz. Se você usar ruibarbo fresco, o vinho nunca sai tão bom.

b) Você tem que ter paciência. O vinho de ruibarbo pode ter um sabor desinteressante aos oito meses e muito bom aos dez meses. Você tem que deixá-lo suave.

c) Use ruibarbo cortado congelado. Coloque no fermentador primário junto com o açúcar. Cubra e deixe descansar por 24 horas. Adicione a água quente, misture tudo e depois coe o ruibarbo.

d) Coloque o líquido de volta no fermentador primário e quando estiver morno adicione o restante do Ingrediente.

e) Cubra e deixe fermentar por três ou quatro dias. Em seguida, sifão o líquido em jarras de galão com travas de fermentação.

## 15. Vinho temperado quente

## Ingrediente

- $\frac{1}{4}$ litro Vinho branco ou tinto (1 xícara mais 1 colher de sopa) 6 cubos de açúcar, ou a gosto

- 1 cada dente inteiro

- 1 pedaço pequeno de casca de limão

- Um pouco de canela em pau

## instruções

a) Misture todos os ingredientes e aqueça, mal até o ponto de ebulição.

b) Despeje em um copo pré-aquecidos, embrulhe o copo em um guardanapo e sirva imediatamente.

## 16. Vinho com infusão de cranberry

## Ingrediente

- 2c. vinho branco seco, como Sauvignon Blanc ou Chardonnay
- 1 c. cranberries descongelados frescos ou congelados

## instruções

a) Adicione vinho e cranberries a um recipiente com uma tampa bem ajustada.

b) Cubra e agite algumas vezes. Deixe repousar à temperatura ambiente durante a noite. Coe antes de usar; descarte os cranberries.

## 17. Vinho com infusão de menta e framboesa

## Ingrediente

- 1 xícara de framboesas frescas
- 1 maço pequeno de hortelã fresca
- 1 garrafa de vinho branco seco ou doce, conforme sua preferência

## instruções:

a) Coloque as framboesas e hortelã em uma jarra de tamanho quart. Use uma colher para esmagar ligeiramente as framboesas.

b) Despeje toda a garrafa de vinho sobre as framboesas e a hortelã, cubra com uma tampa e coloque em um local tranquilo em sua cozinha.

c) Deixe a infusão em infusão por 2-3 dias, depois coe as framboesas e a hortelã com uma peneira de malha fina e divirta-se!

## 18. Vinho com infusão de amor

## Ingrediente

- 1 frasco de vidro de 1 litro ou 1 quart
- 2 colheres de chá de canela em pó ou 2 paus de canela
- 3 colheres de chá de raiz de gengibre em pó ou raiz de gengibre fresca descascada com cerca de 1 polegada de comprimento
- opção 1 -- pedaço de 1 polegada de fava de baunilha ou 1 colher de chá de extrato de baunilha
- ou opção 2 -- 2 vagens de cardamomo + 2 anis estrelado
- 3 xícaras de vinho tinto ou uma garrafa de 750 ml

## instruções:

a) Adicione o vinho tinto à jarra

b) Adicione os componentes de ervas

c) Mexa para misturar o ingrediente.

d) Coloque a tampa no frasco. Coloque em um armário fresco e escuro por 3-5 dias.

e) Coe bem (ou 2x) em outra jarra ou em um bonito decantador de vidro. Está pronto!!!

# 19. Maçãs em vinho tinto

## Ingrediente

- 1 quilograma de maçãs (2 1/4 lb.)
- 5 decilitros de vinho tinto (1 litro)
- 1 pau de canela
- 250 gramas de açúcar (9 onças)

## instruções

a) Dez horas antes, cozinhe o vinho, a canela e o açúcar em fogo forte por 10 minutos, usando uma panela larga e rasa.

b) Descasque as maçãs e, usando uma bola de melão de cerca de 2 $\frac{1}{2}$ cm (1 polegada) de diâmetro, corte-as em bolinhas.

c) Jogue as bolas de maçã no vinho quente. Eles não devem se sobrepor: é por isso que você precisa de uma panela larga e rasa. Cozinhe-os por 5 a 7 minutos, cobertos com papel alumínio para mantê-los submersos.

d) Quando as maçãs estiverem cozidas, mas ainda firmes, retire a panela do fogão. Deixe as maçãs macerarem no vinho tinto durante cerca de 10 horas para adquirirem uma boa cor vermelha.

e) Servir: bem gelado, com uma bola de gelado de baunilha, ou numa selecção de sobremesas frias de fruta.

## 20. vinho de pimenta bajan

## Ingrediente

- 18 "pimentões de vinho" ou quantidade semelhante dos pimentões vermelhos minúsculos

- Rum branco de Barbados

- Xerez

## instruções

a) Retire os talos das pimentas e coloque em uma garrafa, depois cubra com rum e deixe por duas semanas.

b) Coe e dilua a "quentura" necessária com xerez.

## 21. Vinho de sobremesa de laranja

## Ingrediente

- 5 laranjas
- 2 limões
- 5 litros de vinho, branco seco
- 2 quilos de açúcar
- 4 xícaras de aguardente
- 1 cada fava de baunilha
- 1 cada pedaço (1/2) casca de laranja, seca

## instruções

a) Rale as cascas das laranjas e dos limões e reserve. Corte a fruta em quartos e coloque em um demi-john ou outro recipiente grande (vasilha ou vidro).

b) Despeje o vinho, em seguida, adicione as cascas raladas, o açúcar, o conhaque, a fava de baunilha e um pedaço de casca de laranja seca.

c) Feche o frasco e guarde em local fresco e escuro por 40 dias. Coe através de pano e garrafa. Sirva gelado.

## 22. Laranja com calda de vinho tinto

## Ingrediente

- 2 xícaras de vinho tinto de sabor intenso

- $\frac{1}{2}$ xícara de açúcar

- 1 pedaço de canela em pau de 3"

- 2 médios melões ou melões de polpa alaranjada

## instruções

a) Em uma panela média não reativa, misture o vinho, o açúcar e a canela. Deixe ferver em fogo alto e cozinhe até reduzir pela metade, cerca de 12 minutos.

b) Retire a canela e deixe a calda esfriar até a temperatura ambiente

c) Corte os melões ao meio e descarte as sementes. Corte uma fatia fina do fundo de cada metade de melão para que fique na vertical e coloque cada metade em um prato.

d) Despeje a calda de vinho tinto nas metades do melão e sirva com colheres grandes.

## 23. vinho laranja

## Ingrediente

- 3 laranjas navais; metade

- 1 xícara de açúcar

- 1 litro de vinho branco

- 2 laranjas navais médias

- 20 cravos inteiros

## instruções

a) Em uma panela, em fogo médio, esprema as metades de laranja na panela, adicione as laranjas espremidas e o açúcar. Deixe ferver, reduza o fogo para baixo e cozinhe por 5 minutos. Retire do fogo e deixe esfriar completamente.

b) Coe em uma jarra de $1\frac{1}{2}$ litro, pressionando as laranjas com as costas de uma colher para liberar todo o suco. Misture o vinho. Cole os dentes nas laranjas inteiras. Corte as laranjas ao meio e adicione ao frasco.

c) Prenda bem a tampa e deixe descansar por pelo menos 24 horas e até 1 mês.

## 24. Vinho de gengibre

**Ingrediente**

- $\frac{1}{4}$ libras de gengibre
- 4 libras de açúcar DC
- 1 litro de água
- 2 colheres de fermento
- $\frac{1}{2}$ kg de frutas secas
- $\frac{1}{2}$ onça Mace

**instruções**

a) Esmague o gengibre e coloque em uma jarra. Adicione todos os outros ingredientes e deixe por 21 dias.

b) Coar e engarrafar.

## 25. Vinho com canela

## Ingrediente

- 1 garrafa de vinho tinto
- 2 laranjas
- 3 paus de canela
- 5 estrelas de anis
- 10 cravos inteiros
- 3/4 xícara de açúcar mascavo

## instruções:

a) Coloque todos os ingredientes, exceto as laranjas, em uma panela de tamanho médio.

b) Usando uma faca afiada ou descascador, descasque metade de uma laranja. Evite descascar o máximo possível de medula (parte branca), pois tem um sabor amargo.

c) Esprema as laranjas e adicione à panela junto com a casca de laranja.

d) Em fogo médio, aqueça a mistura até ferver. Reduza o fogo para fogo baixo. Aqueça por 30 minutos para deixar as especiarias infundirem.

e) Coe o vinho e sirva em copos resistentes ao calor.

## 26. Adega climatizada

## Ingrediente

- 1 porção
- $\frac{3}{4}$ xícara de limonada
- $\frac{1}{4}$ xícara de vinho tinto seco
- Ramo de hortelã
- cereja marasquino

## instruções

a) Isso torna uma bebida colorida e refrescante se os líquidos não forem misturados. Despeje a limonada sobre o gelo picado e adicione o vinho tinto.

b) Decore com um raminho de hortelã e uma cereja. Bom para dias quentes.

## 27. Gemada de vinho

Rendimento: 20 porções

## Ingrediente

- 4 claras de ovo

- 1 quinto vinho branco seco

- $\frac{1}{2}$ xícara de suco de limão fresco

- 1 colher de sopa de casca de limão; Grato

- 1 xícara de mel

- 6 xícaras de leite

- 1 litro Meio e meio

- 1 noz-moscada; ralado na hora

## instruções

a) Bata as claras em neve até ficarem firmes e reserve. Misture o vinho, o suco de limão, as raspas e o mel em uma panela grande. Aqueça, mexendo, até ficar morno e, em seguida, adicione lentamente o leite e o creme de leite.

b) Continue a aquecer e mexa até que a mistura fique espumosa; retire do fogo. Junte as claras em neve e sirva em canecas polvilhadas com noz-moscada por cima.

## 28. refrigerador de vinho de pêssego

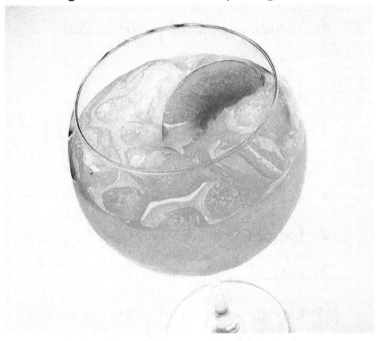

## Ingrediente

- 16 onças de pêssegos sem açúcar; descongelado

- 1 litro de suco de pêssego

- 750 mililitros Vinho branco seco; = 1 garrafa

- 12 onças de néctar de damasco

- 1 xícara de açúcar

## instruções

a) Em um liquidificador ou processador de alimentos purê de pêssegos. Em um recipiente, misture os pêssegos e o ingrediente restante.

b) Cubra e leve à geladeira por 8 horas ou durante a noite para permitir que os sabores se misturem. Armazenar na geladeira. Sirva gelado.

## 29. Vinho com infusão de chá verde

**Ingrediente:**

- 8 colheres de chá de folhas soltas de chá verde
- 1 garrafa (750ml) de Sauvignon Blanc
- Xarope Simples - Opcional
- Água com gás ou limonada - Opcional

**instruções:**

a) Infundir as folhas de chá diretamente na garrafa de vinho, a maneira mais fácil de fazer isso é usar um pequeno funil para que as folhas não vão para todos os lugares.

b) Coloque a rolha de volta ou use um batente de garrafa e coloque na geladeira durante a noite, ou por um mínimo de 8 horas.

c) Quando estiver pronto para beber o vinho, coe as folhas usando uma peneira de malha e engarrafar novamente.

d) Adicione xarope simples e refrigerante ou limonada a gosto - opcional.

## 30. Daiquiri de vinho refrescante

### Ingrediente

- 1 lata (6 onças) de limonada congelada
- 1 pacote (10 onças) de morangos congelados; ligeiramente descongelado
- 12 onças de vinho branco
- Cubos de gelo

### instruções

a) Coloque a limonada, os morangos e o vinho no liquidificador.

b) Misture levemente. Adicione cubos de gelo e continue a misturar até a consistência desejada.

# 31. Coquetel de melão e morango

## Ingrediente

- 1 melão Charentals Oregon

- 250 gramas de morangos; lavado

- 2 colheres de chá de açúcar mascavo

- 425 mililitros Vinho branco seco ou espumante

- 2 ramos de hortelã

- 1 colher de chá de pimenta preta; esmagado

- suco de laranja

## instruções

a) Corte o melão em pedaços e retire as sementes. Corte os morangos ao meio e coloque em uma tigela.

b) Retire as bolas de melão com o cortador e coloque na tigela. polvilhe sobre o açúcar refinado, hortelã picada e pimenta preta.

c) Despeje o suco de laranja e o vinho. Misture com cuidado e leve à geladeira por 30 minutos a 1 hora.

d) Para apresentação, coloque o coquetel nas cascas de melão ou em um copo de apresentação.

## 32. Brilho de vinho com joias

## Ingrediente

- 1 gelatina de limão grande

- 1 xícara de água, fervendo

- 1 xícara de água, fria

- 2 xícaras de vinho rosé

- $\frac{1}{2}$ xícara de uvas verdes sem sementes

- $\frac{1}{2}$ xícara de mirtilos frescos

- 11 onças de segmentos de tangerina, escorridos

- Folhas de alface

## instruções

a) Em uma tigela grande, dissolva a gelatina em água fervente; misture a água fria e o vinho. Resfrie até engrossar, mas não endurecer, cerca de 1 hora e meia. Dobre em uvas, mirtilos e segmentos de tangerina.

b) Despeje em moldes individuais ou em um molde de 6 xícaras untado com óleo. Leve à geladeira por cerca de 4 horas ou até firmar. Para servir, desenforme em pratos forrados com alface.

## 33. Vinho de alecrim e chá preto

## Ingrediente

- 1 garrafa de clarete; OU... outro vinho tinto encorpado

- 1 litro de chá preto pref. Assam ou Darjeeling

- $\frac{1}{4}$ xícara de mel suave

- ⅓xícara Açúcar; ou a gosto

- 2 laranjas cortadas em fatias finas e sem sementes

- 2 paus de canela (3 polegadas)

- 6 cravos inteiros

- 3 ramos de alecrim

## instruções

a)  Despeje o vinho e o chá em uma panela anticorrosiva. Adicione o mel, o açúcar, as laranjas, as especiarias e o alecrim. Aqueça em fogo baixo até quase ferver. Mexa até que o mel se dissolva.

b) Retire a panela do fogo, tampe e deixe descansar por pelo menos 30 minutos. Quando estiver pronto para servir, reaqueça até ferver e sirva quente

# 34. Spritzer de chá Earl Grey

## Ingrediente

- 2 saquinhos de chá de Earl Grey envelhecido
- 1 pote de mirtilos
- Alguns ramos de hortelã fresca
- $\frac{1}{2}$ xícara de xarope de agave
- 1 garrafa de espumante branco
- 1 bandeja de cubos de gelo

## instruções

a) Leve duas xícaras de água para ferver e adicione os saquinhos de chá. Deixe-os em infusão por 10 minutos, adicionando a calda de agave à mistura.

b) Misture uma bandeja de cubos de gelo na mistura e coloque-a na geladeira até esfriar.

c) Depois de frio, adicione a hortelã e os mirtilos a gosto e o vinho espumante, depois mexa em uma jarra.

d) Aproveitar!

## 35. Chocolate quente com infusão de vinho

## Ingrediente

- ½ xícara de creme de leite integral
- ½ xícara half-and-half – substitua por partes iguais de creme de leite integral e creme de leite leve, se não estiver disponível
- ¼ xícara/45g de gotas de chocolate amargo
- ½ xícara de vinho tinto seco – de preferência Shiraz
- Algumas gotas de extrato de baunilha
- 1 colher de sopa/15ml de açúcar
- Pequena pitada de sal

## instruções:

a) Misture o leite integral, meio a meio, botões/lascas de chocolate amargo, extrato de baunilha e sal em uma panela em fogo baixo.

b) Mexa constantemente para evitar que o chocolate no fundo queime, até que esteja totalmente dissolvido. Quando estiver bom e quente, retire do fogo e despeje o vinho. Misture bem.

c) Prove o chocolate quente e ajuste a doçura usando o açúcar. Despeje em uma caneca de chocolate quente e sirva imediatamente.

## 36. Ponche de vinho de cranberry

## Ingrediente

- 1 $\frac{1}{2}$ litro de coquetel de suco de cranberry; gelado

- 4 xícaras de Borgonha ou outro vinho tinto seco; gelado

- 2 xícaras de suco de laranja sem açúcar; gelado

- Fatias de laranja; (opcional)

## instruções

a) Combine os 3 primeiros ingredientes em uma tigela grande; mexa bem.

b) Decore com fatias de laranja, se desejar.

# VINHO-ALIMENTO INFUSO

# 37. Compota de frutas e vinho

## Ingrediente

- 4 peras pequenas
- 1 laranja
- 12 ameixas secas
- A 2,5 cm; (1 pol) bastão; canela
- 2 sementes de coentro
- 1 cravo
- $\frac{1}{4}$ folha de louro; (opcional)
- $\frac{1}{3}$ Vagem de baunilha
- 4 colheres de açúcar mascavo
- 1 $\frac{1}{2}$ xícara de bom vinho tinto

## instruções

a) Descasque as peras, lave e corte a laranja em fatias de $\frac{1}{2}$ cm ($\frac{1}{4}$ pol.).

b) Coloque delicadamente as peras, com o talo para cima, em uma panela. Coloque as ameixas secas entre as peras e adicione a canela, as sementes de coentro, o cravo, a folha de louro, a baunilha e o açúcar de rícino.

c) Cubra com fatias de laranja e adicione o vinho. Se necessário, adicione água para que haja líquido suficiente para cobrir a fruta.

d) Deixe ferver, abaixe o fogo e cozinhe as peras por 25 a 30 minutos até ficarem macias. Deixe a fruta esfriar no líquido.

e) Retire os temperos e sirva frutas e líquidos em uma travessa atraente.

## 38. Trufas de Chocolate

## Ingrediente

- 1 saco de 10 onças de chocolate meio amargo
- 1/2 xícara de creme de leite pesado
- 1 colher de manteiga sem sal
- 2 colheres de vinho tinto
- 1 colher de chá de extrato de baunilha
- Coberturas: amêndoas defumadas trituradas, cacau em pó, chocolate derretido e sal marinho

## instruções:

a) Pique o chocolate: Se você estiver usando um bloco de chocolate ou lascas de chocolate, você vai querer cortá-los para derreter mais facilmente.

b) Coloque o chocolate picado em uma tigela grande de aço inoxidável ou vidro.

c) Aquecer o Creme e a Manteiga: Aqueça o creme de leite e a manteiga em uma panela pequena em fogo médio, apenas até começar a ferver.

d) Combine o creme com chocolate: Assim que o líquido começar a ferver, despeje imediatamente na tigela sobre o chocolate.

e) Adicione líquidos adicionais: Adicione a baunilha e o vinho e bata até ficar homogêneo.

f) Refrigerar/Resfriar: Cubra a tigela com filme plástico e transfira para a geladeira por cerca de uma hora (ou no freezer por 30 minutos-1 hora), até que a mistura fique firme.

g) Roll Truffles: Depois que as trufas esfriarem, retire-as usando um baller de melão e enrole-as com as mãos. Isso vai ficar confuso!

h) Em seguida, cubra-os com as coberturas desejadas. Adoro amêndoas defumadas trituradas, cacau em pó e chocolate temperado derretido com sal marinho.

## 39. Sorvete com morangos

## Ingrediente

- 2 litros de morangos

- $\frac{1}{4}$ xícara) de açúcar

- $\frac{1}{3}$copo de vinho tinto seco

- 1 pau de canela inteiro

- $\frac{1}{8}$ colher de chá de pimenta, moída na hora

- 1 litro de sorvete de baunilha

- 4 ramos de hortelã fresca para decorar

## instruções

a) Se os morangos forem pequenos, corte ao meio; se grande, corte em quartos.

b) Misture o açúcar, o vinho tinto e o pau de canela em uma frigideira grande; cozinhe em fogo médio-alto até que o açúcar se dissolva, cerca de 3 minutos. Adicione os morangos e a pimenta; cozinhe até as bagas amolecerem ligeiramente, 4 a 5 minutos.

c) Retire do fogo, descarte o pau de canela e divida as frutas e o molho pelos pratos; sirva com sorvete de baunilha e um raminho de hortelã, se desejar.

## 40. Mousse de melão ao vinho muskat

## Ingrediente

- 11 onças de carne de melão
- $\frac{1}{2}$ xícara de vinho Muskat Doce
- $\frac{1}{2}$ xícara de açúcar
- 1 xícara de creme pesado
- $\frac{1}{2}$ xícara de açúcar
- $\frac{1}{2}$ xícara de água
- Frutas variadas
- 1 $\frac{1}{2}$ colher de gelatina
- 2 claras de ovo
- 2 xícaras de vinho doce Muskat
- 1 pau de canela
- 1 vagem de baunilha

## instruções

a) Em um liquidificador, processe a polpa do melão para um purê suave.

b) Coloque a gelatina e $\frac{1}{2}$ xícara de vinho Muskat em uma panela pequena e leve

116

para ferver, misturando bem para garantir que a gelatina esteja completamente dissolvida. Adicione a mistura de gelatina ao purê de melão e misture bem. Coloque sobre uma tigela cheia de cubos de gelo.

c) Enquanto isso, bata as claras em neve, adicionando o açúcar aos poucos, até engrossar. Transfira a mousse para uma tigela.

d) Para fazer o molho, coloque o açúcar e a água em uma panela média, leve ao fogo e cozinhe em fogo baixo até engrossar e dourar. Adicione 2 xícaras de vinho Muskat, pau de canela, vagem de baunilha e uma tira de casca de laranja. Ferver.

## 41. Bolo israelense de vinho e nozes

### Ingrediente

- 8 ovos

- $1\frac{1}{2}$ xícara de açúcar granulado

- $\frac{1}{2}$ colher de chá de sal

- $\frac{1}{4}$ xícara de suco de laranja

- 1 colher de sopa de casca de laranja

- $\frac{1}{4}$ xícara de vinho tinto

- $1\frac{1}{4}$ xícara de farinha de bolo Matzoh

- 2 colheres de fécula de batata

- $\frac{1}{2}$ colher de chá de canela

- $\frac{1}{3}$xícara Amêndoas; muito bem picado

### instruções

a) Aos poucos, bata $1\frac{1}{4}$ xícaras de açúcar e sal na mistura de gemas até ficar bem espessa e de cor clara. Adicione o suco de laranja, a casca e o vinho; bata em alta velocidade até ficar espesso e leve, cerca de 3 minutos.

b) Peneire a farinha, a fécula de batata e a canela; gradualmente dobre na mistura de laranja até misturar suavemente. Bata as claras em velocidade máxima até que as claras fiquem em picos, mas não estejam secas.

c) Dobre o merengue levemente na mistura. Dobre as nozes na massa delicadamente.

d) Transforme em forma de tubo de 10 polegadas não untada com fundo forrado com papel encerado.

e) Asse a 325 graus.

## 42. Biscoitos de vinho

Rendimento: 12 porções

## Ingrediente

- $1\frac{1}{4}$ xícara de farinha

- 1 pitada de sal

- 3 onças Encurtamento; (Oleo)

- 2 onças de açúcar

- 1 ovo

- $\frac{1}{4}$ xícara de xerez

## instruções

a) Prepare como faria para biscoitos comuns, ou seja: misture os ingredientes secos e corte em óleo. Combine ovo e xerez e misture para formar uma massa macia.

b) Espalhe em uma superfície enfarinhada. Corte com cortador de biscoitos, coloque em assadeiras e polvilhe com um pouco de açúcar ou farinha. Asse 350, 8 a 10 minutos.

## 43. Fondue de vinho de groselha

## Ingrediente

- 1 $\frac{1}{2}$ quilo de groselhas; topo e cauda

- 4 onças de açúcar refinado (granulado)

- $\frac{2}{3}$ copo de vinho branco seco

- 2 colheres de chá de farinha de milho (amido de milho)

- 2 colheres de sopa de creme simples (leve)

- Estalos de conhaque


## instruções

a) Reserve algumas groselhas para decoração e passe o restante por uma peneira para fazer um purê.

b) Em uma panela de fondue, misture a farinha de milho suavemente com o creme de leite. Misture o purê de groselha e, em seguida, aqueça até ficar homogêneo e espesso, mexendo sempre.

c) Decore com groselhas reservadas e sirva com snaps de conhaque.

## 44. Bolo e pudim de vinho

## Ingrediente

- Macarrão

- 1 litro de vinho

- 3 gemas

- 3 clara de ovo

- Pão de ló

- dedos de moça

- 1 colher de chá de amido de milho

- 3 colheres de açúcar

- $\frac{1}{2}$ xícara de nozes, picadas

## instruções

a) Coloque pedaços de pão-de-ló, palitos de dendê ou bolo semelhante em um prato de barro (encha cerca de $\frac{1}{2}$). Adicione alguns macarons. Aqueça o vinho. Misture o amido de milho e o açúcar e adicione lentamente o vinho.

b) Bata as gemas dos ovos e adicione à mistura de vinho. Cozinhe cerca de 2 minutos. Despeje sobre o bolo e deixe esfriar. Quando arrefecer, cubra com as claras batidas em castelo e polvilhe com as nozes picadas.

c) Asse a 325-F por alguns minutos para dourar. Sirva frio

# 45. Vinho tinto e granita de mirtilo

## Ingrediente

- 4 xícaras de mirtilos frescos
- 2 xícaras de calda de açúcar
- 2 xícaras de Borgonha ou vinho tinto seco
- $4\frac{1}{2}$ xícara de açúcar
- 4 xícaras de água

## instruções

a) Coe os mirtilos em uma panela grande com peneira, descartando os sólidos. Adicione a calda e o vinho, deixe a mistura ferver, reduza o fogo e deixe ferver, descoberto, por 3-4 minutos. despeje a mistura em um prato quadrado de 8 polegadas, cubra e congele pelo menos 8 horas ou até ficar firme.

b) Retire a mistura do congelador e raspe toda a mistura com os dentes de um garfo até ficar fofa. Colher em um recipiente; cubra e congele por até um mês.

c) Xarope de Açúcar Básico: Misture em uma panela, mexendo bem. Deixe ferver, cozinhe até que o açúcar se dissolva.

# 46. Cupê de melão e mirtilo

## Ingrediente

- 1 ½ xícara de vinho branco seco

- ½ xícara de açúcar

- 1 fava de baunilha; dividir longitudinalmente

- 2⅓xícara de cubos de melão; (cerca de 1/2 melão)

- 2⅓ xícara de cubos de melada

- 2⅓ xícara de cubos de melancia

- 3 xícaras de mirtilos frescos

- ½ xícara de hortelã fresca picada

## instruções

a) Combine ½ xícara de vinho e açúcar em uma panela pequena. Raspe as sementes da fava de baunilha; adicione feijão. Mexa em fogo baixo até que o açúcar se dissolva e a calda esteja quente, cerca de 2 minutos. Retire do fogo e deixe em infusão por 30 minutos. Retire a fava de baunilha da calda.

b) Combine todas as frutas em uma tigela grande. Adicione a hortelã e 1 xícara de vinho restante à calda de açúcar.
Despeje sobre as frutas. Cubra e leve à geladeira por pelo menos 2 horas.

c) Coloque frutas e um pouco de calda em taças grandes.

## 47. Torta de limão com creme de vinho

## Ingrediente

- $1\frac{1}{4}$ xícara de creme de leite gelado

- 6 colheres de açúcar

- 2 colheres de sopa de vinho doce de sobremesa

- $1\frac{1}{2}$ colher de sopa de suco de limão fresco

- 1 colher de sopa de nozes picadas

- $\frac{1}{4}$ xícara) de açúcar

- $\frac{1}{2}$ colher de chá de sal

- $\frac{3}{4}$ xícara de manteiga sem sal gelada

- 2 gemas grandes e 4 ovos grandes

- $\frac{1}{2}$ xícara de suco de limão fresco e 1 colher de sopa de casca de limão ralada

## instruções

a) Misture o creme de leite, o açúcar, o vinho e o suco de limão na tigela da batedeira e bata até formar picos moles. Dobre cuidadosamente as nozes.

b) Misture a farinha, o açúcar e o sal no processador. Adicione a manteiga; corte usando liga/desliga até que a mistura se assemelhe a farinha grossa. Bata as gemas e a água em uma tigela. Adicione ao processador; misture usando liga/desliga até formar grumos úmidos. Asse 20 minutos.

c) Bata os ovos e o açúcar na batedeira até obter um creme claro e fofo. Peneire a farinha na mistura de ovos; bata para combinar. Adicione o creme de leite. Derreta a manteiga com o suco de limão e bata na mistura de ovos. Despeje o recheio na crosta.

## 48. Rolos de vinho matzoh

## Ingrediente

- 8 Quadrados de matzoh

- 1 xícara de vinho tinto doce

- 8 onças de chocolate meio amargo

- $\frac{1}{2}$ xícara de Leite

- 2 colheres de cacau

- 1 xícara de açúcar

- 3 colheres de aguardente

- 1 colher de café em pó instantâneo

- 2 paus de margarina

## instruções

a) Esfarele o matzoh e mergulhe no vinho. Derreta o chocolate com o leite, o cacau em pó, o açúcar, a aguardente e o café em lume muito brando.

b) Retire do fogo e adicione a margarina. Mexa até derreter.

c) Adicione o matzoh à mistura de chocolate. Divida a mistura em duas metades. Molde cada metade em um rolo longo e embrulhe firmemente em papel alumínio. Leve à geladeira durante a noite, retire o papel alumínio e corte.

d) Coloque em papel quatro xícaras e sirva.

## 49. Moustokouloura

## Ingrediente

- $3\frac{1}{2}$ xícara de farinha de trigo mais extra para amassar

- 2 colheres de chá de bicarbonato de sódio

- 1 colher de sopa de canela em pó

- 1 colher de sopa de cravo moído na hora

- $\frac{1}{4}$ xícara de azeite suave

- 2 colheres de mel

- $\frac{1}{2}$ xícara de calda de mosto de vinho grego

- $\frac{1}{2}$ laranja

- 1 xícara de suco de laranja

## instruções

a) Peneire a farinha, o bicarbonato de sódio, a canela e o cravo em uma tigela grande, fazendo um buraco no centro.

b) Em uma tigela menor, bata o azeite com o mel, o petimezi, as raspas de laranja raladas e $\frac{1}{2}$ do suco de laranja e despeje no poço. Misture para fazer uma massa.

c) Vire para uma superfície enfarinhada e sove por cerca de 10 minutos até que a massa fique lisa, mas não dura.

d) Quebre pedaços de massa, cerca de 2 colheres de sopa cada, e enrole em forma de cobras com cerca de $\frac{1}{2}$ polegada de diâmetro.

e) Asse em forno pré-aquecido a 375 F por 10-15 minutos - até que estejam marrons e crocantes, mas não muito duros.

# 50. Bolachas de vinho laranja

## Ingrediente

- $2\frac{1}{2}$ colheres de sopa de raspas de laranja
- 2 xícaras de massa de pastel ou farinha de trigo
- $\frac{1}{2}$ colher de chá de sal
- 1 colher de chá de fermento em pó
- 2 colheres (sopa) (1/4 tablete) de manteiga ou
- Margarina, amolecida
- $\frac{1}{2}$ xícara de vinho branco

## instruções

a) Pré-aqueça o forno a 350 ~ F.

b) Para preparar as raspas, rale levemente a casca externa das laranjas contra a grelha fina de um ralador de queijo.

c) Em uma tigela grande, misture a farinha, as raspas de laranja, o sal e o fermento. Corte a manteiga e adicione lentamente o vinho.

d) Em uma superfície enfarinhada, dobre o terço esquerdo da massa sobre o terço central. Da mesma forma, dobre o terço direito sobre o centro.

e) Abra a massa um pouco mais fina desta vez, com cerca de $\frac{1}{8}$ polegada de espessura.

f) Com uma faca afiada, corte em quadrados de 2 polegadas.

g) Fure cada biscoito 2 ou 3 vezes com os dentes de um garfo. Asse por 15 a 20 minutos, até dourar levemente.

## 51.Bolo de laranja de amêndoa

## Ingrediente

- $\frac{1}{2}$ xícara de manteiga sem sal - (1 tablete); suavizado

- 1 xícara de açúcar granulado

- 2 ovos

- 2 colheres de chá de baunilha

- $\frac{1}{2}$ colher de chá de extrato de amêndoa

- $\frac{1}{4}$ xícara de amêndoas sem casca moídas

- 2 colheres de chá de raspas de laranja

- 1 $\frac{1}{2}$ xícara de farinha de trigo; mais

- 2 colheres de farinha de trigo

- 2 colheres de chá de fermento em pó

- 1 colher de sal

- 1 xícara de creme de leite

- 1 litro de framboesas ou morangos

- $\frac{1}{2}$ xícara de espumante

## instruções

a) Bata a manteiga e o açúcar até ficar leve e fofo.

b) Adicione os ovos, a baunilha, o extrato de amêndoa, as amêndoas e as raspas de laranja; bata em baixa até combinado. Peneire a farinha, o fermento e o sal juntos; adicione alternadamente à mistura de manteiga com creme de leite.

c) Despeje a massa na panela; toque levemente para nivelá-lo. Asse por cerca de 20 minutos.

d) Deixe esfriar por 10 minutos; retire da forma de bolo ou remova os lados da forma de mola. Polvilhe as frutas com açúcar e, em seguida, misture com vinho espumante suficiente para umedecê-las completamente.

e) Coloque o bolo no prato, envolva com frutas e suco.

## 52. Tarte de ameixa com crème fraiche

## Ingrediente

- Casca de pastelaria doce de 10 polegadas; até 11

- 550 gramas Ameixas; lavado

- 2 colheres de açúcar mascavo

- 125 mililitros de vinho do Porto

- 1 vagem de baunilha cortada no centro

- $\frac{1}{2}$ litro de creme

- 1 onça de farinha

- 2 onças de açúcar

- 2 gemas de ovo

- 2 folhas de gelatina; encharcado

## instruções

a) Retire os caroços das ameixas e corte em quatro. Asse a caixa de pastelaria doce cega e fria.

b) Faça o crème pat, misturando o ovo e o açúcar em uma tigela sobre água quente. Adicione uma colher de sopa de creme de leite e adicione a farinha aos poucos. Adicione mais creme e coloque em uma panela limpa e reaqueça.

c)  Coloque uma boa camada de creme na base da massa e alise com uma espátula ou raspador de plástico.

d)  Disponha as ameixas na massa e leve ao forno por 30-40 minutos.

e)  Ferva o açúcar no vinho do porto e adicione a vagem de baunilha, reduza um pouco o líquido. Adicione a folha de gelatina e deixe esfriar um pouco. Retire a tarte e deixe arrefecer, deite sobre o glacê do porto e deixe no frigorífico a solidificar. Fatie e sirva com crème fraiche.

## 53. Brownies de vinho tinto

## Ingrediente

- $\frac{3}{4}$ xícara (177 ml) de vinho tinto
- $\frac{1}{2}$ xícara (60 g) de cranberries secas
- 1 $\frac{1}{4}$ (156 g) xícaras de farinha de trigo
- $\frac{1}{2}$ colher de chá de sal marinho
- $\frac{1}{2}$ xícara (115 g) de manteiga com sal, mais extra para untar
- 6 onças. (180 g) chocolate meio amargo ou meio amargo
- 3 ovos grandes
- 1 $\frac{1}{4}$ xícaras (250 g) de açúcar
- $\frac{1}{2}$ xícara (41 g) de cacau em pó sem açúcar
- $\frac{1}{2}$ xícara (63 g) de nozes picadas (opcional)

## instruções:

a) Em uma tigela pequena, misture o vinho tinto e os cranberries e deixe descansar por 30 minutos a uma hora ou até que os cranberries pareçam macios. Você pode aquecer suavemente o vinho e os cranberries no fogão ou no micro-ondas para acelerar o processo.

b) Pré-aqueça o forno a 350 graus F. e unte e enfarinhe uma panela de 8 por 8 polegadas.

c) Misture a farinha e o sal marinho em uma tigela e reserve.

d) Em uma tigela sobre água fervente, aqueça a manteiga e o chocolate até derreter e misturar.

e) Retire a tigela do fogo e bata os ovos um de cada vez. (Se a tigela parecer muito quente, deixe esfriar por cerca de 5 minutos antes de adicionar os ovos).

## 54. Panna Cotta de Baunilha

## Ingrediente

- Creme - 2 xícaras
- Açúcar, mais 3 colheres de sopa - 1/4 xícara
- Grãos de baunilha - ambos divididos ao meio, sementes raspadas de um - 1
- Pasta de baunilha - 1/2 colher de chá
- Óleo - 1 colheres de sopa
- Gelatina em pó misturada com 90ml de água fria - 2 colheres de chá
- Morangos Punnet - 125 g
- Vinho tinto - 1/2 xícara

## instruções:

a) Aqueça suavemente o creme de leite e 1/2 xícara de açúcar em uma panela até que todo o açúcar se dissolva. Retire do fogo e misture o extrato de baunilha e 1 fava de baunilha junto com as sementes raspadas.

b) Polvilhe a gelatina sobre a água fria em uma tigela grande e misture delicadamente.

c) Despeje o creme aquecido sobre a gelatina e misture bem até que a gelatina se dissolva. Passe a mistura por uma peneira.

d) Divida a mistura entre as tigelas untadas e leve à geladeira até firmar. Isso geralmente leva até 3 horas.

e) Em uma panela aqueça o vinho tinto, 6 colheres de açúcar e a restante fava de baunilha até ferver.

f) Lave, descasque e fatie os morangos e adicione à calda, em seguida, despeje sobre a panna cotta liberada.

## 55. torta de vinho

## Ingrediente

- 140 gramas de farinha comum (5 onças)

- 1 colher de chá de fermento em pó

- 60 gramas de manteiga sem sal (2 1/4 oz.)

- 1 pitada de sal

- 120 gramas de açúcar de confeiteiro (4 oz.)

- 1 colher de chá de canela em pó

- 10 gramas de farinha de trigo (1/4 oz.)

- $\frac{1}{2}$ colher de chá de açúcar

- 3 colheres de leite

- 100 mililitros Bom vinho branco seco

- 15 gramas de Manteiga (aprox. 1/2 oz.)

## instruções

a) Massa: coloque a farinha, o fermento e a manteiga amolecida em uma tigela grande. Adicione o sal e o açúcar. Adicione o leite.

b) Alise a massa no fundo da forma.

c) Misture o açúcar, a canela e a farinha. Espalhe essa mistura por todo o fundo da torta. Despeje o vinho sobre a mistura de açúcar e misture com a ponta dos dedos.

d) Cozinhe a torta no fundo do forno pré-aquecido por 15 ... 20 minutos.

e) Deixe a tarte arrefecer antes de a retirar da forma.

## 56. Sobremesa italiana

**Ingrediente**

- 6 gemas

- $\frac{1}{2}$ xícara de açúcar

- $\frac{1}{3}$ copo de vinho branco médio

a) Bata as gemas com a batedeira em banho-maria até espumar. Bata o açúcar aos poucos. Despeje água quente apenas o suficiente no fundo do banho-maria para que a parte superior não toque na água.

b) Cozinhe as gemas em fogo médio; misture o vinho lentamente, batendo em alta velocidade até ficar homogêneo, pálido e grosso o suficiente para ficar em montículos macios.

c) Sirva imediatamente em copos de haste rasa.

## 57. Frutas de inverno em vinho tinto

## Ingrediente

- 1 limão

- 500 mililitros de vinho tinto

- 450 gramas de açúcar mascavo

- 1 vagem de baunilha; metade

- 3 folhas de louro

- 1 pau de canela

- 12 grãos de pimenta preta

- 4 peras pequenas

- 12 ameixas sem molho

- 12 damascos sem molho

## instruções

a) Corte uma tira de raspas de limão e corte o limão ao meio. Coloque as raspas de limão, o açúcar, o vinho, a vagem de baunilha, as folhas de louro e as especiarias em uma panela grande não reativa e ferva, mexendo.

b) Descasque as peras e esfregue com a face cortada do limão para evitar a descoloração. Leve a calda de vinho tinto de volta à fervura, abaixe para fogo brando e adicione as peras.

c) Adicione as ameixas e os damascos às peras. Recoloque a tampa e deixe esfriar completamente antes de refrigerar durante a noite.

## 58. Bolo de chá de limão

## Ingrediente

- $\frac{1}{2}$ xícara de vinho tinto seco

- 3 colheres de sopa de suco de limão fresco

- $1\frac{1}{2}$ colher de amido de milho

- 1 xícara de mirtilos frescos

- Pique canela em pó e noz-moscada

- $\frac{1}{2}$ xícara de manteiga sem sal; temperatura do quarto

- 1 xícara de açúcar

- 3 ovos grandes

- 2 colheres de sopa de casca de limão ralada

- 2 colheres de sopa de suco de limão fresco

- 1 colher de chá de extrato de baunilha

- 1 $\frac{1}{2}$ xícara de farinha de bolo peneirada

- $\frac{1}{2}$ colher de chá de fermento em pó e $\frac{1}{4}$ de bicarbonato de sódio

- $\frac{1}{4}$ colher de chá de sal

- $\frac{1}{2}$ xícara de creme de leite

**instruções**

a) Misture a água, o açúcar, o vinho tinto seco, o suco de limão fresco e o amido de milho em uma panela média.

b) Adicione mirtilos. Ferva até o molho engrossar o suficiente para cobrir as costas da colher, mexendo sempre, cerca de 5 minutos.

c) Bata a manteiga e o açúcar em uma tigela grande até ficar fofo. Bata os ovos, 1 de cada vez. Junte a casca de limão ralada, o suco de limão e o extrato de baunilha. Peneire a farinha de bolo, o fermento, o bicarbonato de sódio e o sal em uma tigela média.

d) Despeje a massa na assadeira preparada. Asse e, em seguida, esfrie o bolo na grade por 10 minutos.

## 59. Mexilhões com infusão de vinho e açafrão

## Ingrediente

- 2 cebolas, descascadas e cortadas ao meio
- 2 pimentas vermelhas, haste removida
- 2 colheres de azeite
- 1/2 colher de chá de fios de açafrão, embebidos em 2 colheres de sopa de água quente
- 300ml de vinho branco seco
- 500ml de caldo de peixe
- 2 colheres de pasta de tomate
- Flocos de sal marinho e pimenta preta moída na hora
- 1kg de mexilhões frescos, barbas removidas e limpas
- Vários ramos de tomilho

## instruções:

a) Adicione as cebolas e os pimentões ao processador.

b) Coloque a panela em fogo médio baixo, adicione as cebolas e os pimentões e cozinhe mexendo por 5 minutos até que as cebolas brilhem e amoleçam

c) Adicione a mistura de fio de açafrão e cozinhe por 30 segundos. Adicione o vinho, o caldo de peixe, a pasta de tomate e tempere bem com sal e pimenta. Deixe ferver, reduza o fogo para baixo e cozinhe por 5 minutos

d) Aumente o fogo para alto, quando o molho estiver fervendo adicione os mexilhões e raminhos de tomilho. Cubra com a tampa e cozinhe por 3-5 minutos, sacudindo a panela ocasionalmente, até que os mexilhões abram no vapor

e) Sirva imediatamente com pão torrado

# 60. Vieiras ao molho de vinho

### Ingrediente

- 2 quilos de vieiras

- 2 colheres de azeite

- $\frac{1}{4}$ colher de sopa de flocos de pimenta

- 2 dentes de alho; finamente picado

- 1 colher de vinho branco

- 1 colher de caril em pó

- 1 tomate pequeno; descascado, sem sementes e picado

- $\frac{1}{4}$ xícara de creme de leite

- 2 colheres de sopa de molho Tabasco

- Sal e pimenta a gosto

- 1 colher de salsa; finamente picado

### instruções

a) Despeje um pouco de azeite em uma das frigideiras no topo do fogão. Em seguida, adicione os flocos de pimenta vermelha, alho e vinho branco. Adicione todas as vieiras à frigideira. Tampe a panela e deixe as vieiras cozinharem em fogo médio/alto até ficarem firmes e opacas.

b)  Retire a panela do fogo e transfira as vieiras para uma tigela grande de servir. Adicione 1 colher de sopa de óleo e o curry em pó a uma panela pequena e cozinhe por 1-2 minutos.

c)  Adicione o líquido de vieira reservado à panela de óleo e curry, coando $\frac{3}{4}$ xícara dele através de gaze ou um filtro de café. Na mesma panela, junte os pedaços de tomate, as natas, o Tabasco, o sal, a pimenta e a salsa e aqueça durante 2 a 3 minutos.

.

# 61. Bifes de linguado com molho de vinho

## Ingrediente

- 3 colheres de sopa de chalotas; picado

- 1½ libras de bifes de linguado; 1 polegada de espessura, cortada em pedaços de 4 polegadas

- 1 xícara de vinho branco seco

- 2 tomates ameixa médios; picado

- ½ colher de chá de estragão seco

- ¼ colher de chá de sal

- ⅛ colher de chá de pimenta

- 2 colheres de azeite

## instruções

a) Pré-aqueça o forno a 450 graus. Polvilhe as chalotas no fundo de uma assadeira de 1 ½ a 2 litros. Coloque o peixe em uma assadeira rasa e despeje o vinho.

b) Polvilhe tomate picado, estragão, sal e pimenta sobre o peixe. Regue com azeite.

c) Asse por 10 a 12 minutos, até que o peixe fique opaco por toda parte. Retire o peixe com uma espátula para uma travessa e retire a pele.

d) Coloque a assadeira (se for de metal) sobre o queimador do fogão ou despeje o líquido e os legumes em uma panela pequena. Ferva em fogo alto até que o molho reduza ligeiramente, 1 a 2 minutos. Coloque o molho sobre o peixe e sirva.

## 62. Rolos de carne grega em molho de vinho

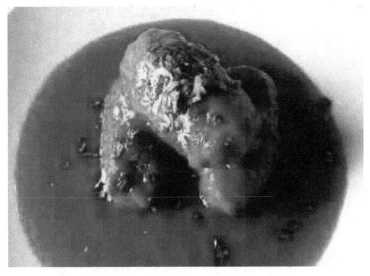

## Ingrediente

- 2 quilos de carne moída magra ou peru

- 4 fatias de torrada branca seca, desintegrada

- Cebola e Alho

- 1 ovo levemente batido

- 1 colher de açúcar

- Pitada de Sal, Cominho, Pimenta Preta

- Farinha (cerca de 1/2 C.)

- 1 lata (12 onças) de pasta de tomate

- 1 $\frac{1}{2}$ xícara de vinho tinto seco

- 2 colheres de sal

- Arroz cozido no vapor

- Salsa picada

## instruções

a) Misture o ingrediente seco até ficar bem misturado e firme.

b) Umedeça as mãos em água fria e molde colheres de sopa cheias da mistura de carne em rolos (toras) com cerca de 2-$\frac{1}{2}$ "a 3" de comprimento. Cubra cada rolo levemente com farinha.

c) Em uma frigideira funda, aqueça cerca de 1,2 cm de óleo e doure os rolinhos, alguns de cada vez, tomando cuidado para não amontoá-los. Remova os rolinhos dourados para toalhas de papel para escorrer.

d) Em um forno holandês, misture a pasta de tomate, a água, o vinho, o sal e o cominho. Adicione os rolinhos de carne ao molho. Cubra e cozinhe por 45 minutos a uma hora, até que os rolinhos de carne estejam prontos. Prove o molho e adicione sal se necessário.

# 63. Lentilhas com legumes vitrificados

## Ingrediente

- 1 ½ xícara de lentilhas verdes francesas; classificado e lavado

- 1 ½ colher de chá de Sal; dividido

- 1 folha de louro

- 2 colheres de chá de azeite

- Cebola, aipo, alho

- 1 colher de pasta de tomate

- ⅔ copo de vinho tinto seco

- 2 colheres de chá de mostarda Dijon

- 2 colheres de manteiga ou azeite extra virgem

- Pimenta do reino moída a gosto

- 2 colheres de chá de salsa fresca

## instruções

a) Coloque as lentilhas em uma panela com 3 xícaras de água, 1 colher de chá. sal e a folha de louro. Leve para ferver.

b) Enquanto isso, aqueça o azeite em uma frigideira média. Adicione a cebola, a cenoura e o aipo, tempere com $\frac{1}{2}$ colher de chá. sal e cozinhe em fogo médio-alto, mexendo sempre, até que os legumes estejam dourados, cerca de 10 minutos. Adicione o alho e a pasta de tomate, cozinhe por mais 1 minuto e, em seguida, adicione o vinho.

c) Deixe ferver e, em seguida, abaixe o fogo e cozinhe, tampado, até que o líquido fique xaroposo.

d) Junte a mostarda e acrescente as lentilhas cozidas junto com o caldo.

e) Cozinhe até que o molho seja reduzido, em seguida, misture a manteiga e tempere com pimenta.

## 64. Alabote ao molho de legumes

## Ingrediente

- 2 quilos de linguado
- $\frac{1}{4}$ xícara de farinha
- $\frac{1}{2}$ colher de chá de sal
- Pimenta branca
- 1 colher de salsa picada
- $\frac{1}{4}$ xícara de azeite
- 1 dente de alho amassado
- 1 cebola grande picada
- 1 cenoura ralada
- 2 talos de aipo picado
- 1 tomate grande picado
- $\frac{1}{4}$ xícara de água
- $\frac{3}{4}$ xícara de vinho branco seco

## instruções

a) Combine a farinha, sal, pimenta e salsa: draga o peixe com a mistura de farinha.

Aqueça o azeite na frigideira; adicione o linguado e frite até dourar dos dois lados.

b)  Retire da frigideira e reserve. Adicione o alho, a cebola, a cenoura e o aipo à frigideira: refogue por 10-15 minutos, até ficar macio. Adicione o tomate e a água, cozinhe por 10 minutos.

c)  Retire o molho do fogo e despeje no liquidificador; purê. Misture o vinho. Retorne à frigideira: coloque o peixe no molho. Cubra e cozinhe por 5 minutos.

## 65. Salsichas com ervas em vinho

## Ingrediente

- $\frac{1}{2}$ kg de salsicha doce italiana

- $\frac{1}{2}$ kg de salsicha quente italiana

- $\frac{1}{2}$ libras Kielbasa

- $\frac{1}{2}$ libras Buckhurst (linguiça de vitela)

- 5 cebolinhas verdes picadas

- 2 xícaras de vinho branco seco

- 1 colher de sopa de folhas de tomilho frescas picadas

- 1 colher de sopa de salsa fresca picada finamente

- $\frac{1}{2}$ colher de chá de molho de pimenta Tabasco

## instruções

a) Corte as salsichas em pedaços de $\frac{1}{2}$ polegada. Em uma frigideira funda em fogo médio, cozinhe a linguiça italiana por 3 a 5 minutos, ou até dourar levemente. Escorra a gordura. Adicione a salsicha restante e a cebolinha e cozinhe por mais 5 minutos.

b) Reduza o fogo para baixo, adicione o ingrediente restante e cozinhe por 20 minutos, mexendo ocasionalmente. Sirva imediatamente ou mantenha aquecido em um refratário. Sirva com palitos de dente.

# 66. Rolinhos de peixe ao vinho branco

## Ingrediente

- ⅔ xícara de uvas verdes sem sementes, cortadas ao meio

- $\frac{3}{4}$ xícara de vinho branco seco

- Quatro; (6 a 8 onças)

- linguado sem pele

- ⅓ xícara de folhas de salsa frescas picadas

- 1 colher de sopa de tomilho fresco picado

- $\frac{1}{4}$ xícara de cebola picada

- 2 colheres de manteiga sem sal

- 1 colher de sopa de farinha de trigo

- $\frac{1}{4}$ xícara de creme de leite

- 1 colher de chá de suco de limão fresco

## instruções

a) Em uma panela pequena, deixe as metades das uvas macerarem no vinho por 1 hora.

b) Corte os filés ao meio no sentido do comprimento, tempere-os com sal e pimenta e polvilhe os lados sem pele com a salsa e o tomilho. Enrole cada metade do filé com 1 das uvas reservadas no meio e prenda-o com um palito de madeira.

c) Em uma panela pequena, refogue a cebola na manteiga, misture a farinha e cozinhe o roux.

d) Adicione o creme de leite, as uvas maceradas, o suco de limão, sal e pimenta a gosto e ferva o molho, mexendo por 3 minutos.

e) Despeje o líquido que se acumulou no prato, divida os rolinhos de peixe entre 4 pratos aquecidos e coloque o molho sobre eles.

## 67. Tofu com ervas ao molho de vinho branco

## Ingrediente

- 2 colheres (sopa) de margarina

- 1 $\frac{1}{2}$ colher de farinha

- $\frac{1}{2}$ xícara (chá) de leite

- $\frac{1}{2}$ xícara de vinho branco

- 1 rodela de cebola

- 1 pitada de cravo moído

- 1 pitada de sal

- $\frac{1}{2}$ quilo ou mais de tofu com ervas, em cubos

- Sua massa favorita, o suficiente

## instruções

a) Derreta a margarina na panela e misture a farinha. Deixe esfriar um pouco e, em seguida, misture o vinho e o leite (de soja).

b) Adicione a cebola, os cravos e o sal ao molho e mexa em fogo baixo até o molho engrossar ligeiramente. Se ficar muito

grosso, adicione um pouco de água.
Adicione o tofu e cozinhe enquanto
cozinha o macarrão.

c) Sirva o tofu e o molho sobre o macarrão,
dando a cebola para quem gosta mais.

## 68. Polvo grelhado na marinada de vinho tinto

## Ingrediente

- 2 polvo limpo de 1 1/2 libra

- Cenouras, Aipo e Cebola

- 2 folhas de louro

- 2 colheres de sal

- Pimenta preta inteira e tomilho seco

- 2 xícaras de vinho tinto

- 3 colheres de sopa de azeite extra virgem

- 3 colheres de vinagre de vinho tinto

- 3 colheres de sopa de vinho tinto seco

- Sal, Pimenta preta moída fresca

- $1\frac{1}{3}$xícara de caldo de cozimento de polvo coado

- $\frac{1}{4}$ xícara de azeite extra virgem

- 1 colher de suco de limão

- 2 colheres de manteiga

## instruções

a) Em uma caçarola grande, misture o polvo, a cenoura, o aipo, a cebola, o louro, o sal, a pimenta, o tomilho, o vinho tinto e a água. Leve ao fogo lento.

b) Faça a marinada: em uma tigela pequena, misture o ingrediente da marinada. Despeje sobre o polvo e misture.

c) Faça o molho: em uma panela pequena, misture o caldo reservado coado, o azeite, o suco de limão e o vinagre. Misture a salsinha.

d) Grelhe por 4 minutos, virando com frequência, até ficar levemente carbonizado e aquecido.

## 69. Banana doce assada no vinho

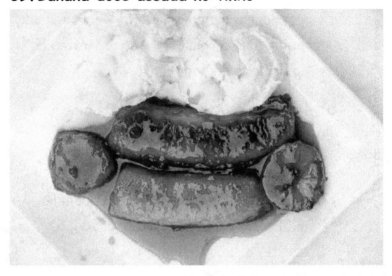

## Ingrediente

- 4 bananas-da-terra bem maduras

- 1 xícara de azeite

- $\frac{1}{2}$ xícara de açúcar mascavo

- $\frac{1}{2}$ colher de chá de canela em pó

- 1 xícara de vinho xerez

## instruções

a) Pré-aqueça o forno a 350F. Retire a casca das bananas e corte-as longitudinalmente ao meio. Em uma frigideira grande, aqueça o óleo em fogo médio e adicione as bananas.

b) Cozinhe-os até dourar levemente de cada lado. Coloque-os em uma assadeira grande e polvilhe açúcar por cima. Adicione a canela e cubra com o vinho. Asse por 30 minutos, ou até adquirirem um tom avermelhado.

# 70. Macarrão ao molho de limão e vinho branco

## Ingrediente

- $1\frac{1}{2}$ quilo de macarrão; sua escolha

- 1 peito de frango integral; cozido, juliana

- 10 onças de espargos; branqueado

- $\frac{1}{4}$ xícara de Manteiga

- $\frac{1}{2}$ cebola pequena

- 4 colheres de farinha de trigo

- 2 xícaras de vinho branco seco

- 2 xícaras de caldo de galinha

- 12 colheres de chá de raspas de limão

- 1 colher de sopa de tomilho fresco; picado

- 1 colher de sopa de endro fresco; picado

- 3 colheres de mostarda Dijon

- Sal e pimenta; provar

- Queijo parmesão; Grato

**instruções**

a)  Cozinhe o macarrão e reserve Cozinhe o peito de frango e escalde os aspargos; segure. Aqueça a manteiga em uma panela grande em fogo médio-baixo. Adicione a cebola e refogue até dourar levemente e bem macia.

b)  Adicione a farinha e reduza o fogo para baixo. Mexa até misturar completamente. Aos poucos, adicione o vinho branco e o caldo.

c)  Leve o molho ao fogo e deixe ferver por 10 minutos. Junte as raspas de limão, tomilho, endro, mostarda e tempere a gosto com sal e pimenta branca. Adicione o frango cozido e à juliana e os aspargos.

# 71. Macarrão com mexilhões em vinho

## Ingrediente

- 1 quilo de mexilhões (em suas conchas)
- Vinho branco (o suficiente para encher uma panela grande e rasa cerca de 1/2 polegada)
- 2 dentes de alho grandes, picados finamente
- 2 colheres de azeite
- 1 colher de chá de pimenta moída na hora
- 3 colheres de sopa de manjericão fresco picado
- 1 tomate grande, picado grosseiramente
- 2 quilos de macarrão

## instruções

a) Lave bem os mexilhões, retirando todas as barbas e raspando as conchas conforme necessário. Coloque na panela com o vinho.

b) Cubra bem e cozinhe no vapor até que as conchas abram Enquanto os mexilhões esfriam um pouco, coloque o caldo de vinho em fogo médio e adicione alho, azeite, pimenta, tomate e manjericão.

c)  Despeje o molho sobre o linguini quente ou fettucini e sirva!

## 72.Fettucine de vinho tinto e azeitonas

### Ingrediente

- $2\frac{1}{2}$ xícara de farinha

- 1 xícara de farinha de semolina

- 2 ovos

- 1 xícara de vinho tinto seco

- 1 porção de lumache alla marchigiana

### instruções

a) Preparo da Massa: Faça uma cova com a farinha e coloque os ovos e o vinho no centro.

b) Usando um garfo, bata os ovos e o vinho e comece a incorporar a farinha começando pela borda interna do poço.

c) Comece a amassar a massa com as duas mãos, usando as palmas das mãos.

d) Abra a massa na configuração mais fina na máquina de massas. Corte a massa em macarrão de $\frac{1}{4}$ de polegada de espessura à mão ou com a máquina e reserve sob uma toalha úmida.

e) Leve 6 litros de água para ferver e adicione 2 colheres de sopa de sal. Aqueça o caracol para ferver e reserve.

f) Coloque o macarrão na água e cozinhe até ficar macio. Escorra a massa e coloque na panela com os caracóis, mexendo bem para cobrir. Sirva imediatamente em uma travessa aquecida.

# 73. Orecchiette macarrão e frango

## Ingrediente

- 6 coxas de frango grandes, desossadas e sem pele

- Sal e pimenta-do-reino moída na hora a gosto

- 2 colheres de sopa de azeite ou óleo de canola

- $\frac{1}{2}$ kg de Cogumelos Shiitake Frescos

- Cebola, Alho, Cenoura e Aipo

- 2 xícaras de vinho tinto saudável

- 2 xícaras de tomates maduros, cortados em cubos, sem sementes

- 1 colher de chá de tomilho fresco/sálvia fresca

- 4 xícaras de caldo de galinha

- $\frac{1}{3}$ xícara de salsa picada

- $\frac{1}{2}$ quilo de macarrão Orecchiette, cru

- $\frac{1}{4}$ xícara de manjericão fresco picado

- $\frac{1}{4}$ xícara de tomate seco escorrido

- Raminhos de manjericão fresco

- Asiago recentemente raspado ou queijo parmesão

**instruções**

a) Tempere o frango e doure rapidamente o frango em fogo alto.

b) Adicione os cogumelos, cebola, alho, cenoura e aipo e refogue até dourar levemente. Retorne o frango para a panela e adicione o vinho, os tomates, o tomilho, a sálvia e o caldo e deixe ferver. Misture a salsinha e mantenha aquecido.

c) Prepare o macarrão e sirva. Decore com manjericão e queijo ralado.

## 74. Carne com molho portobello

## Ingrediente

- 500 gramas de carne moída magra
- $\frac{1}{2}$ vinho tinto seco
- $\frac{1}{2}$ colher de chá de Pimenta; terra grossa
- 4 colheres de sopa de queijo Roquefort ou Stilton
- $\frac{3}{4}$ libras Portobellos; (375g ou 4 med)

## instruções

a) Carne marrom de 2-4 minutos por lado

b) Despeje $\frac{1}{2}$ xícara de vinho e moa generosamente a pimenta sobre os hambúrgueres.

c) Reduza o fogo para médio e cozinhe, descoberto, por 3 minutos. Vire os hambúrgueres, esfarele o queijo por cima e continue fervendo descoberto até que o queijo comece a derreter, cerca de 3 minutos.

d) Enquanto isso, separe as hastes das tampas dos cogumelos. Corte os caules e as tampas em fatias grossas.

e) Adicione os cogumelos ao vinho na panela e mexa constantemente até que estejam quentes.

f) Coloque os cogumelos ao redor dos hambúrgueres e despeje o molho por cima.

## 75. Queijo italiano e salsicha de vinho tinto

## Ingrediente

- 4 libras de carne de porco, desossada, ombro ou bumbum

- 1 colher de sopa de semente de erva-doce, moída no pilão

- 2 folhas de louro, esmagadas

- $\frac{1}{4}$ xícara de salsa, picada

- 5 Alho, prensado

- $\frac{1}{2}$ colher de chá Pimenta, vermelha, flocos

- 3 colheres de chá de sal, kosher

- 1 colher de chá de pimenta preta, moída na hora

- 1 xícara de queijo, parmesão ou romano, ralado

- $\frac{3}{4}$ xícara de vinho tinto

- 4 tripas de salsicha (cerca de

## instruções

a) Moa a carne no processador de alimentos ou no acessório moedor de carne Kitchen Aid para batedeira.

b) Misture todos os ingredientes e deixe descansar por 1 hora para que os sabores possam se fundir.

c) Encha a salsicha em tripas com o acessório de enchimento de salsicha Kitchen Aid ou compre à mão com um funil de salsicha.

## 76. Cogumelos e tofu no vinho

## Ingrediente

- 1 colher de óleo de cártamo

- 2 dentes de alho cada, picados

- 1 cebola grande, picada

- $1\frac{1}{2}$ kg de Cogumelos, fatiados

- $\frac{1}{2}$ pimentão verde médio, em cubos

- $\frac{1}{2}$ xícara de vinho branco seco

- $\frac{1}{4}$ xícara de tamari

- $\frac{1}{2}$ colher de chá de gengibre ralado

- 2 colheres de chá de óleo de gergelim

- $1\frac{1}{2}$ colher de amido de milho

- 2 cada Bolos tofu, ralado

- Amêndoas trituradas

## instruções

a)  Aqueça o cártamo em uma wok. Quando estiver quente, adicione o alho e a cebola e refogue em fogo moderado até a cebola ficar translúcida. Adicione os cogumelos, o pimentão, o vinho, o tamari, o gengibre e o óleo de gergelim. Misturar.

b) Dissolva o amido de milho em uma pequena quantidade de água e mexa na frigideira.

c) Misture o tofu, tampe e cozinhe por mais 2 minutos.

# 77. Sopa de vinho de damasco

## Ingrediente

- 32 onças Damascos enlatados; não drenado

- 8 onças creme de leite

- 1 xícara de Chablis ou vinho branco seco

- $\frac{1}{4}$ xícara de licor de damasco

- 2 colheres de suco de limão

- 2 colheres de chá de extrato de baunilha

- $\frac{1}{4}$ colher de chá de canela em pó

## instruções

a) Combine todos os ingredientes no recipiente do liquidificador elétrico ou processador de alimentos, processe até ficar homogêneo.

b) Cubra e resfrie bem. Despeje a sopa em tigelas individuais. Decore com creme de leite adicional e canela em pó.

# 78. Sopa de cogumelos com vinho tinto

## Ingrediente

- 50G; (2-3 onças) manteiga, (50 a 75)

- 1 cebola grande; picado

- 500 gramas de cogumelos; fatiado (1 lb)

- 300 mililitros Vinho tinto seco; (1/2 litro)

- 900 mililitros Caldo de legumes; (1 1/2 litro)

- 450 mililitros de creme duplo; (3/4 pinta)

- Um pequeno ramo de salsa fresca; picado finamente, para guarnecer

## instruções

a) Derreta 25g de manteiga em uma frigideira pequena em fogo médio-baixo e frite a cebola por 2-3 minutos, até ficar macia, mexendo sempre.

b) Aqueça mais 25g de manteiga em uma panela grande em fogo médio-baixo.

c) Adicione os cogumelos e frite-os por 8-10 minutos, até ficarem macios.

d) Adicione o vinho e cozinhe por mais 5 minutos. Adicione o caldo e a cebola e deixe ferver suavemente, sem ferver, em fogo baixo, por 15 minutos.

e) Quando estiver pronto para servir, reaqueça a sopa suavemente em fogo baixo e misture o creme de leite.

## 79. Borleves (sopa de vinho)

## Ingrediente

- 4 xícaras de vinho tinto ou branco

- 2 xícaras de água

- 1 colher de chá de casca de limão ralada

- 8 cada cravo

- 1 cada pau de canela

- 3 gemas de cada

- $\frac{3}{4}$ xícara de açúcar

## instruções

a) Despeje o vinho e a água na panela. Adicione a casca de limão ralada, os cravos e a canela. Cozinhe em fogo baixo por 30 minutos.

b) Retire do fogo e descarte os cravos e o pau de canela. Na tigela pequena, bata as gemas com um batedor de arame. Adicione o açúcar aos poucos e continue batendo até engrossar. Misture a mistura de gema de ovo na sopa quente.

c) Retorne a panela ao fogo e leve ao ponto de fervura. Não deixe a sopa ferver ou as gemas irão embaralhar. Sirva em canecas quentes.

# 80. Sopa de cereja

## Ingrediente

- 1 onça lata de cerejas vermelhas azedas sem caroço

- $1\frac{1}{2}$ xícara de água

- $\frac{1}{2}$ xícara de açúcar

- 1 colher de sopa de tapioca de cozimento rápido

- $\frac{1}{8}$ colher de chá de cravo moído

- $\frac{1}{2}$ xícara de vinho tinto seco

## instruções

a) Em uma panela de $1\frac{1}{2}$ litro, misture as cerejas não escorridas, a água, o açúcar, a tapioca e os cravos. Deixe repousar 5 minutos. Leve à fervura.

b) Reduza o calor; tampe e cozinhe por 15 minutos, mexendo de vez em quando.

c) Retire do fogo; misture o vinho. Cubra e refrigere, mexendo de vez em quando. Rende 6 a 8 porções.

# 81. Sopa de maçã dinamarquesa

## Ingrediente

- 2 maçãs grandes, sem caroço, descascadas

- 2 xícaras de água

- 1 pau de canela (2")

- 3 cravos inteiros

- $\frac{1}{8}$ colher de chá de sal

- $\frac{1}{2}$ xícara de açúcar

- 1 colher de amido de milho

- 1 xícara de ameixas secas frescas, sem casca e fatiadas

- 1 xícara de pêssegos frescos, descascados e cortados

- $\frac{1}{4}$ xícara de vinho do Porto

## instruções

a) Combine maçãs, água, pau de canela, cravo e sal em uma panela média-grande.

b) Misture o açúcar e o amido de milho e adicione à mistura de purê de maçã.

c) Adicione as ameixas e os pêssegos e cozinhe apenas até que essas frutas estejam macias e a mistura tenha engrossado um pouco.

d) Adicione o vinho do porto.

e) Cubra as porções individuais com uma colherada de creme de leite leve ou iogurte de baunilha sem gordura.

# 82. Salada de gelatina de vinho de cranberry

## Ingrediente

- 1 pacote grande. gelatina de framboesa

- $1\frac{1}{4}$ xícara de água fervente

- 1 lata grande de molho de cranberry inteiro

- 1 lata grande não escorrida triturada

- Abacaxi

- 1 xícara de nozes picadas

- $\frac{3}{4}$ xícara de vinho do Porto

- 8 onças de queijo creme

- 1 xícara de creme de leite

- Dissolva a gelatina em água fervente. Misture bem o molho de cranberry.

## instruções

a) Adicione o abacaxi, as nozes e o vinho. Despeje em um prato de vidro de 9 x 13 polegadas e leve à geladeira por 24 horas.

b) Na hora de servir, misture o cream cheese até ficar macio, adicione o creme

de leite e bata bem. espalhe em cima da
gelatina.

# 83. Mostarda de Dijon com ervas e vinho

## Ingrediente

- 1 xícara de mostarda Dijon

- $\frac{1}{2}$ colher de chá de manjericão

- $\frac{1}{2}$ colher de chá de estragão

- $\frac{1}{4}$ xícara de vinho tinto

## instruções

a) Misture todos os ingredientes.

b) Leve à geladeira durante a noite para misturar os sabores antes de usar. Armazenar na geladeira.

## 84. Bucatini com infusão de vinho

## Ingrediente

- 2 colheres de sopa de azeite, divididas
- 4 salsichas de porco estilo italiano picantes
- 1 chalota grande, fatiada
- 4 dentes de alho, picados
- 1 colher de sopa de páprica defumada
- 1 pitada de pimenta caiena
- 1 pitada de flocos de pimenta vermelha esmagados
- Sal, a gosto
- 2 xícaras de vinho branco seco,
- 1 (14,5 onças) lata de tomates em cubos assados
- 1 libra bucatini
- 1 colher de manteiga sem sal
- 1/2 xícara de queijo parmesão ralado na hora
- 1/2 xícara de salsa fresca picada

**instruções:**

a) Em uma panela grande ou forno holandês, aqueça 1 colher de sopa de azeite em fogo médio. Adicione a salsicha e cozinhe até dourar, cerca de 8 minutos.

b) Adicione o alho e cozinhe mais um minuto. Quando o alho estiver perfumado e dourado, adicione a páprica defumada, pimenta caiena e flocos de pimenta vermelha. Tempere com sal e pimenta.

c) Deglaceie a panela com o vinho, raspando os pedaços marrons do fundo da panela.

d) Adicione os tomates em cubos assados no fogo e a água e deixe ferver. Adicione o bucatini e cozinhe.

e) Quando a massa estiver cozida, misture a linguiça reservada, a manteiga, o queijo parmesão e a salsinha picada.

f) Tempere a gosto com sal e pimenta e bom apetite!

## 85. Espargos ao vinho

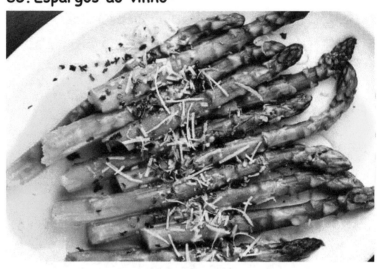

### Ingrediente

- 2 quilos de aspargos

- Água fervente

- $\frac{1}{4}$ xícara de Manteiga

- $\frac{1}{4}$ xícara de vinho branco

- $\frac{1}{2}$ colher de chá de sal

- $\frac{1}{4}$ colher de chá de pimenta

### instruções

a) Lave os aspargos e corte as pontas. Coloque as lanças em uma panela rasa e cubra com água fervente com sal para cobrir. Leve ao fogo e cozinhe por 8 minutos.

b) Escorra e transforme em ramequins untados com manteiga. Derreta a manteiga e misture o vinho. Despeje sobre os aspargos. Polvilhe com sal e pimenta e queijo. Asse a 425 'por 15 minutos.

## 86. Mostarda, costeletas de caça marinadas no vinho

## Ingrediente

- 4 costeletas de caribu ou veado

- $\frac{1}{4}$ colher de chá de pimenta

- 1 colher de sal

- 3 colheres de sopa de mostarda moída em pedra

- 1 copo de vinho tinto

## instruções

a) Esfregue as costeletas com mostarda. Polvilhe com sal e pimenta. Cubra com vinho e deixe marinar durante a noite na geladeira.

b) Grelhe ou grelhe a carvão para regar com a marinada.

## 87. Asas de frango com molho de vinho

## Ingrediente

- 8 asas de frango
- $\frac{1}{4}$ xícara de amido de milho
- 2 colheres de sal
- 1 xícara de azeite
- 1 xícara de vinagre de estragão
- $\frac{3}{4}$ xícara de vinho branco seco
- $\frac{1}{2}$ colher de chá de mostarda seca
- Manjericão seco, estragão, orégãos e pimenta branca
- Óleo para fritar
- sal, pimenta
- 1 tomate pequeno
- $\frac{1}{2}$ pimentão verde médio
- $\frac{1}{2}$ cebola pequena cortada em rodelas finas

## instruções

a) Passe o frango em amido de milho misturado com 2 colheres de chá de sal e pimenta branca.

b) Aqueça o óleo a uma profundidade de $\frac{1}{2}$ polegada na frigideira pesada e frite o frango até dourar e ficar macio, cerca de 7 minutos de cada lado.

c) Para fazer o molho, misture azeite, vinagre, vinho, alho, mostarda, açúcar, manjericão, orégano e estragão. Tempere a gosto com sal e pimenta.

d) Combine fatias de tomate, pimentão verde e fatias de cebola com molho e misture bem.

## 88. Oeufs en meurette

## Ingrediente

- Chalotas; 6 descascados

- 2½ xícara de vinho Beaujolais; mais

- 1 colher de sopa de vinho Beaujolais

- 2 Cogumelos brancos; esquartejado

- 3 fatias de bacon; 2 picados grosseiramente

- 4 fatias de pão francês

- 3 colheres de manteiga; suavizado

- 2 dentes de alho; 1 inteiro, esmagado,

- Mais 1 picadinho

- 1 folha de louro

- ½ xícara de caldo de galinha

- 1¼ colher de farinha

- 1 colher de sopa de vinagre de vinho tinto

- 4 ovos grandes

- 1 colher de salsa

**instruções**

a) Asse as chalotas até dourar bem, regando-as com ½ xícara de vinho. Adicione os cogumelos à panela; coloque em grelha quente por 5 minutos, adicione o bacon picado grosseiramente e grelhe.

b) Prepare os croutes: Esfregue as fatias de pão com o dente de alho amassado e coloque na assadeira. Assar.

c) Poach ovos 2 minutos até que apenas definido.

d) Despeje o molho sobre os ovos, polvilhe com salsa e sirva imediatamente.

## 89. Risoto de vinho tinto e cogumelos

## Ingrediente

- 1 onça de cogumelos Porcini; seco

- 2 xícaras de água fervente

- 1½ kg de Cogumelos; cremini ou branco

- 6 colheres de sopa de manteiga sem sal

- 5½ xícara de caldo de galinha

- 6 onças Pancetta; 1/4 polegada de espessura

- 1 xícara de Cebola; bem picado

- Alecrim fresco e sálvia

- 3 xícaras de arroz arbóreo

- 2 xícaras de vinho tinto seco

- 3 colheres de salsa fresca; bem picado

- 1 xícara de queijo parmesão; recentemente

## instruções

a) Em uma tigela pequena, mergulhe o porcini em água fervente por 30 minutos.

b) Cozinhe a pancetta em fogo moderado. Adicione os cogumelos brancos ou cremini picadinhos reservados, as colheres de sopa restantes de manteiga, cebola, alecrim, sálvia e sal e pimenta a gosto enquanto mexe até a cebola ficar macia. Junte o arroz e cozinhe.

c) Adicione 1 xícara de caldo fervente e cozinhe, mexendo sempre, até que seja absorvido.

# 90. Gaspacho de vinho tinto

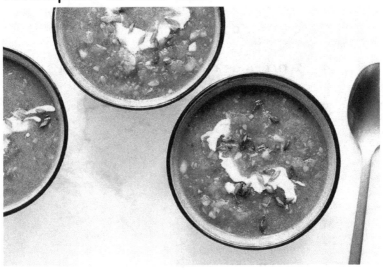

## Ingrediente

- 2 fatias de pão branco

- 1 xícara de água fria; mais se necessário

- 1 quilo de tomates grandes bem maduros

- 1 pimenta vermelha

- 1 pepino médio

- 1 dente de alho

- $\frac{1}{4}$ xícara de azeite

- $\frac{1}{2}$ xícara de vinho tinto

- 3 colheres de vinagre de vinho tinto; mais se necessário

- Sal e pimenta

- 1 pitada de açúcar

- Cubos de gelo; (para servir)

## instruções

a) Coloque o pão em uma tigela pequena, despeje a água e deixe de molho. Tire o miolo dos tomates, corte-os transversalmente e retire as sementes. Corte a carne em pedaços grandes.

b) Bata os legumes no processador de alimentos em dois lotes, adicionando o azeite e o pão embebido no último lote. Junte o vinho, o vinagre, o sal, a pimenta e o açúcar.

c) Coloque em tigelas, adicione um cubo de gelo e cubra com uma tira com nó de casca de pepino.

# 91. Arroz e legumes ao vinho

## Ingrediente

- 2 colheres de óleo
- 1 cada cebola picada
- 1 abobrinha média, picada
- 1 cenoura média, picada
- 1 cada talo de aipo, picado
- 1 xícara de arroz de grão longo
- $1\frac{1}{4}$ xícara de caldo de legumes
- 1 xícara de vinho branco

## instruções

a) Aqueça o azeite em uma panela e refogue a cebola. Adicione o restante dos legumes e mexa-os em fogo médio, até dourar levemente.

b) Adicione o arroz, o caldo de legumes e o vinho branco, tampe e cozinhe por 15-20 minutos até que todo o líquido tenha sido absorvido.

## 92. Baby salmão recheado com caviar

## Ingrediente

- ½ xícara de óleo, azeitona

- 1 quilo de ossos, salmão

- 1 quilo de manteiga

- 2 xícaras de Mirepoix

- 4 folhas de louro

- Orégano, Tomilho, Pimenta, Branco

- 4 colheres de sopa de purê, chalota

- ¼ xícara de conhaque

- 2 xícaras de vinho tinto

- 1 xícara de caldo, peixe

## instruções

a)  Em uma frigideira, aqueça o azeite.

b)  Adicione os ossos de salmão à panela e refogue por cerca de 1 minuto.

c)  Adicione a manteiga (cerca de 2 colheres de sopa), 1 xícara de mirepoix, 2 folhas de louro, ¼ colher de chá de tomilho, ¼ colher de chá de pimenta e 2 colheres de sopa de purê de chalota. Adicione o conhaque e flambe.

d)  Deglaçar com 1 xícara de vinho tinto e cozinhar em fogo alto por 5 a 10 minutos.

e)  Manteiga derretida. Adicione 2 colheres de sopa de purê de chalota, 1 xícara de mirepoix, 2 folhas de louro, ¼ colher de chá de pimenta, ¼ colher de chá de orégano, ¼ colher de chá de tomilho e 3 xícaras de vinho tinto.

f)  Deglaçar Coe e reserve.

## 93. Pilaf de arroz com alho e vinho

## Ingrediente

- 1 Casca de 1 Limão

- 8 dentes de alho, descascados

- $\frac{1}{2}$ xícara de salsa

- 6 colheres de manteiga sem sal

- 1 xícara de arroz comum (não instantâneo)

- $1\frac{1}{4}$ xícara de caldo de galinha

- $\frac{3}{4}$ xícara de vermute seco

- Sal e pimenta a gosto


## instruções

a) Pique a casca de limão, o alho e a salsa.

b) Aqueça a manteiga em uma panela pesada de 2 litros. Cozinhe a mistura de alho muito delicadamente por 10 minutos. Misture o arroz.

c) Mexa em fogo médio por 2 minutos. Misture o caldo e o vinho em uma panela.

Mexa no arroz; adicione sal e pimenta moída na hora.

d) Coloque uma toalha sobre a panela e cubra a toalha até a hora de servir.

e) Sirva quente ou em temperatura ambiente.

## 94. Fígado de cordeiro basco com molho de vinho tinto

## Ingrediente

- 1 xícara de vinho tinto seco
- 1 colher de sopa de vinagre de vinho tinto
- 2 colheres de chá de alho fresco picado
- 1 folha de louro
- $\frac{1}{4}$ colher de chá de sal
- 1 kg de fígado de cordeiro
- 3 colheres de azeite espanhol
- 3 fatias de bacon, picado
- 3 colheres de sopa de italiano picado
- Salsinha

## instruções

a) Combine vinho, vinagre, alho, louro e sal em uma assadeira de vidro. Adicione o fígado e cubra bem com a marinada.

b) Adicione o bacon e frite até dourar e ficar crocante. Escorra em papel toalha.

c) Retire o fígado da marinada e seque.
Brown fígado em pingos de panela por 2
minutos de cada lado. Retire para um
prato aquecido.

d) Despeje a marinada na frigideira quente
e deixe ferver, descoberto, até reduzir
pela metade. Espalhe os pedaços de
bacon sobre o fígado, despeje a marinada
por cima e polvilhe com salsa.

## 95. Carne assada no vinho barolo

## Ingrediente

- 2 dentes de alho, picados

- 3 ½ libras de carne bovina, rodada inferior ou mandril

- Sal, Pimenta

- 2 folhas de louro, frescas ou secas

- Tomilho, seco, pitada

- 5 xícaras de vinho, Barolo

- 3 colheres de manteiga

- 2 colheres de azeite

- 1 cebola, média, bem picada

- 1 Cenoura, finamente picada

- 1 talo de aipo, finamente picado

- ½ kg Cogumelos, brancos

## instruções

a) Esfregue o alho na carne. Tempere com sal e pimenta. Coloque a carne em uma tigela grande. Adicione as folhas de louro,

272

tomilho e vinho suficiente para cobrir a carne.

b) Derreta 2 colheres de sopa de manteiga com óleo em uma caçarola grande e pesada. Quando a manteiga espumar, adicione a carne. Doure a carne de todos os lados em fogo médio.

c) Retire a carne da caçarola. Adicione a cebola, a cenoura e o aipo à caçarola. Refogue até dourar levemente. Retorne a carne para a caçarola. Despeje a marinada reservada por uma peneira sobre a carne.

d) Derreta 1 colher de manteiga em uma frigideira média. Refogue os cogumelos em fogo alto até dourar. Adicione os cogumelos à carne e cozinhe por mais 5 minutos.

## 96. Scrod refogado em vinho branco

## Ingrediente

- $\frac{3}{4}$ xícara de azeite; mais

- 2 colheres de azeite

- $1\frac{1}{2}$ libras de filés de scrod; corte 2x 2 peças

- $\frac{1}{4}$ xícara de farinha para dragagem; temperado com

- 1 colher de chá de explosão de bayou

- 1 colher de chá de alho picado

- $\frac{1}{2}$ xícara de pêra ou tomate cereja

- $\frac{1}{4}$ xícara de azeitonas Kalamata; fatiado

- 2 xícaras de folhas de orégano frouxamente embaladas

- $\frac{1}{4}$ xícara de vinho branco seco

- 1 colher de chá de raspas de limão picadas

## instruções

a) Passe os pedaços de peixe na farinha temperada, sacudindo o excesso.

b) Coloque cuidadosamente todos os pedaços de peixe no óleo quente e cozinhe por 2 minutos.

c) Em uma panela grande refogue o fogo, as 2 colheres restantes de azeite em fogo médio. Adicione o alho picado e cozinhe por 30 segundos. Coloque o peixe na panela com tomates, azeitonas Kalamata, orégano fresco, vinho branco, raspas de limão, água e sal e pimenta.

d) Cubra e cozinhe por 5 minutos em fogo médio. Sirva o molho sobre o peixe.

## 97. Lula em umido

## Ingrediente

- 16 lulas pequenas, frescas

- $\frac{1}{4}$ xícara de azeite extra virgem

- 1 colher de Cebola; picado

- $\frac{1}{2}$ colher de sopa de alho; picado

- $\frac{1}{4}$ colher de chá de pimenta vermelha; esmagado

- $\frac{1}{3}$ taça Chardonnay

- $\frac{1}{4}$ xícara de caldo de peixe

- 3 raminhos de salsa, italiano; picado

- Sal, Pimenta

## instruções

a) Limpe e descasque a lula se isso ainda não tiver sido feito pelo mercado de peixes. Aqueça o azeite em uma frigideira em fogo médio.

b) Refogue a cebola, o alho e a pimenta vermelha esmagada por 30 segundos em

fogo médio-alto, depois adicione a lula
fatiada e todos os outros ingredientes.

c)  Leve a frigideira para ferver e cozinhe
    por cerca de três minutos, até que o
    molho seja reduzido em cerca de um
    terço. Serve duas entradas ou quatro
    aperitivos.

# 98. Rabos braseados com vinho tinto

## Ingrediente

- 6 libras de rabo de boi

- 6 copos de vinho tinto

- $\frac{1}{2}$ xícara de vinagre de vinho tinto

- 3 xícaras de Cebola Cipollini ou Cebola Pérola

- $1\frac{1}{2}$ xícara de aipo, fatiado

- 2 xícaras de cenouras cortadas em rodelas

- 1 colher de chá de bagas de zimbro

- $\frac{1}{2}$ colher de chá de pimenta preta

- Sal Kosher, Pimenta Preta

- $\frac{1}{3}$ xícara de farinha

- $\frac{1}{4}$ xícara de azeite

- $\frac{1}{3}$ xícara de pasta de tomate

- 2 colheres de salsa

## instruções

a) Coloque as rabadas em uma tigela grande não reativa. Adicione o vinho, vinagre, cebola cipollini, aipo, cenoura, bagas de zimbro, pimenta e salsa.

b) Doure os rabos de boi de todos os lados, em óleo por 10 a 15 minutos.

c) Retorne os rabos de boi para a panela com a marinada, bagas de zimbro, pimenta e 2 xícaras de água, misture a pasta de tomate até dissolver. Cubra e leve ao forno por 2 horas.

d) Adicione os legumes reservados. Refogue e ajuste os temperos

## 99. Peixe na caçarola de vinho

## Ingrediente

- 2 colheres de manteiga ou margarina

- 1 cebola média, em fatias finas

- $\frac{1}{2}$ xícara de vinho branco seco

- 2 quilos de filé de linguado

- Leite

- 3 colheres de Farinha

- Sal, Pimenta

- 8 $\frac{1}{2}$ onças Pode ervilhas pequenas, escorridas

- 1 $\frac{1}{2}$ xícara de macarrão frito chinês

## instruções

a) Manteiga derretida. Adicione a cebola e aqueça, descoberto, no forno de microondas, 3 minutos. Adicione o vinho e o peixe e aqueça.

b) Escorra os sucos da panela em um copo medidor e adicione leite suficiente para que os sucos da panela sejam iguais a 2 xícaras.

c) Derreta as 3 colheres de manteiga ou margarina no Forno Microondas por 30 segundos.

d) Misture a farinha, o sal e a pimenta. Aos poucos, misture a mistura líquida de peixe reservada.

e) Aqueça, descoberto, no forno de microondas 6 minutos mexendo sempre até engrossar e ficar homogêneo. Adicione as ervilhas ao molho.

f) Adicione o molho ao peixe na caçarola e mexa delicadamente. Aquecer, descoberto, no Forno Microondas 2 minutos. Polvilhe o macarrão sobre o peixe e aqueça. Servir

## 100. Costeletas de porco grelhadas com infusão de vinho

## Ingrediente

- 2 garrafas (16 onças) de vinho tinto de cozinha Holland House®
- 1 colher de sopa de alecrim fresco picado
- 3 dentes de alho, picados
- ⅓ xícara de açúcar mascavo embalado
- 1 ½ colheres de chá de sal de mesa
- 1 colher de chá de pimenta-do-reino moída
- 4 (8 onças) costeletas de porco cortadas ao centro, 3/4 de polegada de espessura
- 1 colher de chá de ancho chile em pó

## instruções

a) Despeje o vinho de cozinha em um recipiente não metálico. Adicione o açúcar, sal e pimenta; mexa até dissolver o açúcar e o sal. Misture a infusão de sabor resfriado.

b) Coloque as costeletas de porco em salmoura para que fiquem completamente submersas.

c) Pré-aqueça a grelha em fogo médio-baixo, 325-350 graus F.

d) Grelhe 10 minutos; vire e grelhe 4-6 minutos.

e) Retire, cubra com papel alumínio e deixe descansar 5 minutos antes de servir.

# CONCLUSÃO

Os fabricantes de receitas modernas passam muito tempo divulgando infusões caseiras, tinturas e pratos com infusão de vinho. E por uma boa razão: xaropes e licores personalizados permitem que os bares criem coquetéis exclusivos que nem sempre podem ser replicados.

A maioria dos ingredientes pode ser usada para infundir com vinho. No entanto, os ingredientes que contêm teor de água natural, como frutas frescas, tendem a ter melhor desempenho.

No entanto, a escolha é sua, e a experimentação faz parte da diversão. Não importa o que você tente, os resultados serão agradáveis!